1 MONTH OF
FREE
READING

at

www.ForgottenBooks.com

By purchasing this book you are eligible for one month membership to ForgottenBooks.com, giving you unlimited access to our entire collection of over 700,000 titles via our web site and mobile apps.

To claim your free month visit:

www.forgottenbooks.com/free143202

ISBN 978-0-260-90722-6
PIBN 10143202

THE CHRONICLES AND MEMORIALS

OF

GREAT BRITAIN AND IRELAND
DURING THE MIDDLE AGES.

PUBLISHED BY THE AUTHORITY OF HER MAJESTY'S TREASURY, UNDER THE DIRECTION OF THE MASTER OF THE ROLLS.

ON the 26th of January 1857, the Master of the Rolls submitted to the Treasury a proposal for the publication of materials for the History of this Country from the Invasion of the Romans to the Reign of Henry VIII.

The Master of the Rolls suggested that these materials should be selected for publication under competent editors without reference to periodical or chronological arrangement, without mutilation or abridgment, preference being given, in the first instance, to such materials as were most scarce and valuable.

He proposed that each chronicle or historical document to be edited should be treated in the same way as if the editor were engaged on an Editio Princeps; and for this purpose the most correct text should be formed from an accurate collation of the best MSS.

To render the work more generally useful, the Master of the Rolls suggested that the editor should give an account of the MSS. employed by him, of their age and their peculiarities; that he should add to the work a brief account of the life and times of the author, and any remarks necessary to explain the chronology; but no other note or comment was to be allowed, except what might be necessary to establish the correctness of the text.

The works to be published in octavo, separately, as they were finished; the whole responsibility of the task resting upon the editors, who were to be chosen by the Master of the Rolls with the sanction of the Treasury.

The Lords of Her Majesty's Treasury, after a careful consideration of the subject, expressed their opinion in a Treasury Minute, dated February 9, 1857, that the plan recommended by the Master of the Rolls "was well calculated for the accomplishment of this important national object, in an effectual and satisfactory manner, within a reasonable time, and provided proper attention be paid to economy, in making the detailed arrangements, without unnecessary expense."

They expressed their approbation of the proposal that each chronicle and historical document should be edited in such a manner as to represent with all possible correctness the text of each writer, derived from a collation of the best MSS., and that no notes should be added, except such as were illustrative of the various readings. They suggested, however, that the preface to each work should contain, in addition to the particulars proposed by the Master of the Rolls, a biographical account of the author, so far as authentic materials existed for that purpose, and an estimate of his historical credibility and value.

In compliance with the order of the Treasury, the Master of the Rolls has selected for publication for the present year such works as he considered best calculated to fill up the chasms existing in the printed materials of English history; and of these works the present is one.

Rolls House,
December 1857.

MEMORIALS

OF

HENRY THE FIFTH,

KING OF ENGLAND.

¶

Mente libet scribe · quod vellem sepe videre
Et cor delectat · vbi visus non in spectat
Quicq̄ habes q̄ eris · dat xp̄c dn̄m pie queruā
Rex tibi de celis · tu Joseph valde fidelis
Et dauid es vere · dn̄m discendo timere
Manu repleta bonis · et in stat virtu salomois
Etatis flore · Jonathas es · tullius ore
Absolon in vultu · tu sobrina atz tumultu
Connexit et puret · tibi corpis apta statura
Regni ptector · vt sanipson fortis et hertor
En diug denotus · veluti moyses bene notus
Zelator sincer · fidei · tu celicus heres
Tu regale genus · vrbanus vt ille Galuenus
Et apsilis et largus · tu conspectus vt argus
Emidi thesttrus · tibi cresi det deus auu
Et atu sale vita · longa tibi sit ita
Non vt adulator · loquor hec · ß p̄g amator
Et tuus orator · bone rex · tuig et conator
Ergo queso bone · sine me in rex · ß pattione
Et rem vidutam · confratribz ordine dicā

¶

Denuq̄ q̄ fecit · monachis Westensibz ecce
Rex hic pfecit · sua dans · specialit et se
Talia tanta bona · nullg rex tot pr̄t dona
In regni p̄mo · sic nobis contulit anno ·
Et rex iste bong · bona semp ad oniu promis
henricg qntg · bonus exterius · bong intg
Rerno sinn certg · nisi nobilis ille Sebertus
Et xp̄o gratus · Edwardus stificatus

HENRY THE FIFTH

KING OF ENGLAND.

I.—VITA HENRICI QUINTI, ROBERTO REDMANNO AUCTORE.

II.—VERSUS RHYTHMICI IN LAUDEM REGIS HENRICI QUINTI.

III.—ELMHAMI LIBER METRICUS DE HENRICO QUINTO.

EDITED BY

CHARLES AUGUSTUS COLE,

OF THE PUBLIC RECORD OFFICE.

PUBLISHED BY THE AUTHORITY OF THE LORDS COMMISSIONERS OF HER MAJESTY'S TREASURY, UNDER THE DIRECTION OF THE MASTER OF THE ROLLS.

LONDON:
LONGMAN, BROWN, GREEN, LONGMANS, AND ROBERTS.

1858.

CONTENTS.

PREFACE.

THE three several memoirs of Henry the Fifth, King
of England, printed in the present Volume, for the first
time, are in themselves sufficiently valuable and interesting to deserve some attention at the hands of the
future historian; while an additional interest, perhaps,
is lent to them by the juxtaposition in which they are
placed. Though professing to give an account of the
actions, motives, and career of the same personage,
they do so from wholly different points of view; and
they respectively reveal to us the character of one of
the most popular monarchs in English History, under
aspects so widely dissimilar, that it is almost with
difficulty—so far, at all events, as the first and third
of these works are concerned—an uninformed or super-
ficial reader would recognize in them the portrait of
one and the same individual.

In the first of these Lives, Henry is placed before
us in hardly any other capacity than that of a scholar
and a philosopher; his deeds, whether in politics or in
warfare, being treated as merely supplemental and
ancillary to the enunciation of what we might term
" wise saws and *ancient* instances," in Shakspearian
phrase; in fact, as almost wholly subservient to the
writer's evident purpose of setting him forth in those
lights, and of showing how a prince, naturally of vir-
tuous tendencies, none the less commendable perhaps

from their having been temporarily obscured or inter-
rupted, had nobly profited by the lessons bequeathed
by the lives and actions of the sages and heroes of
antiquity.

In the second Life, or sketch rather—to designate it
in accordance with strict accuracy,—this Sovereign's
person and qualities, habits and inclinations, are viewed
solely from within the walls of his palace: his form
and features are portrayed,—with scrupulous exactness,
no doubt; and the other topics enlarged upon are,
the private character of the monarch, the complexion
of his mind, the depth of his devotional feelings, his
generosity to the Church, his boundless hospitality, his
courtesy, and his beneficence; points of view, all of
them, that would be most likely to suggest themselves
to one who, like the writer (as in a future page will
be more fully demonstrated), was attached in the
capacity of domestic Chaplain to the royal household.

In the third of these Biographies, Henry, on the
other hand, is painted in another, and, it must be
admitted, far less amiable light. To all appearance,
he is influenced by no other than a feeling (amounting
almost to unreasoning fanaticism), that he is a chosen
instrument, in the hands of the Almighty, to scourge
the French people for the perfidiousness of their
rulers and their own manifold shortcomings and
crimes; to support the existing ecclesiastical institutions
against all innovators; and to increase and exalt the
spiritual dominion of the Catholic Church: the consequence of which latter persuasion is, that he feels
himself in duty bound to obviate the spread of all religious enquiry with fire and sword; and more particularly
that early form of it denominated Lollardism, which,
suggested by Wicliffe, was, under the auspices of Sir
John Oldcastle and other men of high birth, in the
early part of the fifteenth century struggling into an
active and energetic existence.

The motives which may have influenced these writers in thus regarding the life and actions of the same individual under such totally different aspects, would appear to be not altogether undeserving of some further notice ; while at the same time, the enquiry will naturally, by supplying certain data, enable the reader to form a fair estimate of the probable amount of trustworthiness for which he may give them credit, and the consequent degree of authenticity that may be attributed to their respective works.

Relative to the writer of the first Life, Robert Redman, or Redmayne, after many and bootless enquiries,[1] no accurate information has been obtained ; indeed it may be pronounced, so far as positive certainty is concerned, that nothing is known of him beyond his name, and the fact, which he incidentally discloses, that he was connected by friendship, if by no other ties, with the house of Hastings, a contemporary Earl of Huntingdon. To have recourse, however, to deduction, in default of explicit information.—As he speaks in his Dedication (p. 5.) of his patron as having been invested with

---

[1] It is within the limits of possibility that this writer may have been the same Robert Redman who printed the primer in English and Latin, in the year 1537, which Cranmer notices in writing to Cromwell,—"I have oversene the prymer which you sent unto me," &c. State Papers: Henry VIII., vol. 1, p. 559. Though our author himself does not, from the absence of any allusion by him to the circumstance, seem to have been aware of a fact so honorable to his name, there was a Redman present in Henry's expedition against France, and concerned in the military preparations for that enterprise. In Mr. Hunter's tract on the Battle of Agincourt, p. 21, it appears that a muster roll of the contingent of Humphrey Duke of Gloucester, the king's brother, was taken at Mikilmarch, near Romsey, 16 July 1415, by Sir Richard Redman, knight, and John Strange, clerk (see also Fœdera, vol. 9, p. 287) : and in the Appendix to Sir Harris Nicolas's History of the battle (p. 61), among the names of persons entitled to the ransoms of French prisoners between the years 1415 and 1430, occurs the name of "Sir Richard Redman, kt., three prisoners."

authority (though of what nature he does not say)
in the North of England, and as having in that
capacity shown favour to his father, the conclusion may
be safely arrived at that George Hastings, third
Baron Hastings and Earl of Huntingdon, is the
person meant; and that allusion is made to the fact,
that in the year 1536 the Earl had held an appointment in the royal army as one of the King's Lieu-
tenants [1] against the Northern rebels, on the occasion
of the formidable insurrection which attended the
suppression of the Monasteries. As, moreover, the Earl
is recorded to have died in the year 1544, the writer
may with equal safety be pronounced to have flourished
towards the close of the reign of Henry VIII., and
his work to have been composed between 1536, the
period of the Earl's tenure of office in the North, and
1544, the year of that nobleman's death.

Two characteristic features also deserve notice, in
these suggestions as to the age, status, and identity
of Robert Redmayne. From a very cursory examination of his work, it is not difficult to perceive that, for
his day, he was a singularly well-read and accomplished
scholar; while at the same time, indications may be
observed in several pages of his work, that, like his
noble patron, he was an ardent supporter of the then
dawning Protestant cause. To his scholarship, his
composition, soaring at times to elegance almost, his
comparatively pure use of the Latin tongue, and his
evident acquaintance with the poets and philosophers
of antiquity, bear abundant testimony; and in proof
of his religious convictions, even his veneration for
the memory of Henry, who, according to contemporary writers, was an ardent persecutor of the fore-
runners of Protestantism, will not permit him to

---

[1] *Vide* State Papers : Henry VIII., vol. 1., p. 497.

conceal his sympathy with the outspoken but eccentric Oldcastle, and his abhorrence of the tenets of the Church of Rome. Indeed it would almost appear— though the position perhaps could not be seriously maintained,—that he had entered upon this compilation as a trial of his scholastic strength, and that he had proposed to himself, as his main object, to show the possibility of a persecutor and a bigot being possessed of the most transcendent virtues and acquirements, and to ascertain how far a Protestant might with success claim a share in lavishing upon Henry those praises which had till then been wholly said or sung by historians, who recognized in him an enthusiastic and successful champion of the Roman faith. It is owing, probably, as much to the writer's Protestant predilections as to his evident veneration for the sages, heroes, and authors of antiquity, that he views the royal subject of his narrative less as a supporter of the Papal Church than as the learned scholar, the reasoning philosopher, and the wary politician.

At this stage of the enquiry, too, it may be not altogether inappropriate to devote a few lines to some preliminary remarks upon the writer's style, and the extent to which his language gives proof that he was, as already asserted, a well-read and accomplished scholar.

The Dedication of his work to the Earl of Huntingdon, though it presents little or nothing to interest the reader, and forms no exception in its spirit to the tone of servile adulation which too uniformly characterizes dedicatory addresses in all countries and ages, bears evidence, like the rest of his work, of his acquaintance with classical authors of the highest rank, Plato and Cicero for example. Indeed, so far as mere style is concerned, it may be looked upon as his masterpiece, being comparatively free from the blemishes

which, notwithstanding his evident careful training as
a phraseologist, are found from time to time to dis-
figure a considerable portion of his narrative. What
these blemishes are, it will be only consistent with
impartiality, in the sequel, to point out ; but for the
present, the reader will not refuse perhaps to lend
his attention to some further proofs of Redmayne's
acquaintance with the best authors of antiquity.

In addition to citing Plato, Cicero, and Varro as
authorities, he quotes in his Dedication Cæsar's laconic
dispatch to the Senate, on the occasion of his victory
over Pharnaces. After borrowing from Cicero the
remark that "to restrain anger and to be moderate in
victory *natura insolens est et superba,*" (p. 12), at
the opening of his narrative he likens the conduct
of Henry to that of Themistocles—a personage to
whom, with all deference to the writer's enthusiasm,
Henry was in every respect immeasurably inferior. In
page 13, when the life and manners of a sensualist are
to be held up to reprobation, the almost mythic Sardanapalus is cited as an example. The expression "*Hinc
lacrymæ,*" in p. 18, is evidently derived from the well-
known "*Hinc illæ lacrymæ*" of Horace ; while Oldcastle's speech, in pp. 19–21, whether really based
on fact or wholly a work of the imagination, teems
with references to the philosophers and writers of
ancient times ; to Socrates and Cicero, to Simonides,
Euripides, Plutarch, and, most far-fetched of all, that
most lacrymose of philosophers, Hegesias of Cyrenæ.
The "Axiochus" of Plato is adduced in proof that
death has no real terrors; the quotation of the line
"*Stulte, quid est somnus gelidæ nisi mortis imago?*"
shows that Sir John Oldcastle, (or rather, perhaps, the
person who imagined the speech for him,) could find
a few moments in his hours of Stoicism to devote to
the "Amores" of Ovid; and the fragments of Epicharmus
are drawn upon for a dictum in support of the posi-

tion that a life well spent does not of necessity imply a long one. The words, too, in p. 20, in reference to sleep, "*Reparet vires fessaque membra levet,*" are an adaptation from Ovid.

Archbishop Chicheley, though perhaps he was too downright and too practical a man, when he had his grand object in view—and that object the maintenance intact of the supremacy and the possessions of his Church,—to waste time and eloquence upon the dead-and-gone sages of antiquity, cannot forbear beginning his address (p. 25) with the "*Vetera eruditorum monumenta*" which "*memoria mihi repetenti multa occurrunt,*"—though there he leaves them. The Duke of Exeter, again, occupies about one fourth of his speech (pp. 28–30) with a picture of the Romans sallying from the Capitol against the Gauls : while in that of Bouratier, Archbishop of Bourges (pp. 32, 33), the instability of human fortune is instanced in the words "*Nunc seges est ubi Troja fuit,*" a quotation from the "Heroides" of Ovid, with the exception of the first word ; the fall of empires being illustrated by the fate of once great Carthage, and of ruined Alba, the site of imperial Rome. A regal monster, gloating over scenes of slaughter and blood is portrayed in the person of Darius ;—Hystaspes being probably the personage alluded to, and his impalement of the Babylonians, his great and noteworthy crime against humanity. Why, however, the learned Archbishop should go so much out of his way, and so far back into antiquity, when Caligula, and Nero, and Domitian, and Commodus were nearer at hand, it is hard to say. "*Prœliis promulgatis, leges silent,*" in p. 33, is evidently an expansion of Cicero's famous apophthegm, "*Inter arma leges silent.*"

The classical tone, again, of Henry's speech in p. 36, his allusions, for example, to the "*Vestis Tyriœ color,*" and to the "*Auro nitidœ trabes,*" shows that either the

King or his biographer must have been an attentive
reader of Virgil. The words, too, to which he is represented as giving utterance, *"Quem metuunt, oderunt,"*
are probably based upon the recorded saying of the
hateful Tiberius, *"Oderint, modo metuant."* Not less
scholastic too in tone and spirit is the speech against
treason and in honour of patriotism, assigned to the
King in p. 39. The *"Dulce et decorum est pro
patria mori"* of Horace was probably present to
the writer's mind when he penned the passage,
*"Pro patria mortem oppetere gloriosum, cum ea
charitates omnium complexa sit—;"* Codrus and Fa-
bricius are cited as noble ensamples of patriotism,
consecrated almost to immortality, and deserving a
place in the councils of heaven ; and Ulysses
receives his meed of praise for preferring his little
Ithaca to immortality,—*"Immortalitati anteposuit."* [1]

In page 41, the author, in his own person, avowedly
draws upon his classical resources, in his quotation from
the fragments of tragic Accius, or 'Attius' rather, as
Harles [2] would have it. The Constable, too, of France,
in his speech to the beleaguered garrison of Harfleur
(p. 42), employs, though with less ingenuousness so
far as acknowledgment is concerned, the words of
Cicero's invective against Catiline, *"Notat et designat
oculis ad cædem unumquemque nostrum,"* in support
of his own estimate of the bloodthirsty and ferocious
disposition of the royal leader of the English forces.
The well-known expression, *"Otium cum dignitate,"*

---

[1] Lord Bacon, it may probably
occur to the reader, in a very
similar passage, cites the Ithacan
sage and warrior in this instance
more in the light of an uxorious
husband than of an ardent patriot:
*"Vetulam suam prætulit immortali-
tati :"* "He preferred his *old woman*
to immortality." (Essay 8 ; Marriage.)

[2] Literatura Romana : Vol. I.,
p. 267.

must unquestionably have been in high favour with our author, as it is to be met with on no less than three occasions in his succinct narrative—in pages 32, 54, and 58. As to its origin, whether it belongs to the classic or the middle ages, is a matter perhaps that, without more research than it is just now convenient to devote to the enquiry, it would not be easy to decide ; but be this as it may, this frequent use of it by a writer of the time of Henry VIII. is not altogether— by those, at least, who interest themselves in the *Curiosities* of literature—undeserving of remark.

Such are a few of the proofs (which on a closer inspection could be multiplied, no doubt,) that go far towards showing, in addition to the fluency and comparative purity of his language, that Robert Red-mayne was a man of refined education and had drunk deep at the purest streams of classic lore. And yet though, as a fluent and learned composition, his bio-graphical sketch is greatly superior in style to the works of the monkish chroniclers whose ground he occupies ; still, on the other hand, either from absolute carelessness, or from an occasional tendency to conform to the English idiom rather than to the Latin, it must be allowed, as already remarked, that his pages are occasionally disfigured by blemishes, all the more glaring from the fact of their passing current with one who was evidently so intimately acquainted with the Latin writers of the highest purity. In numerous instances, for example, his use of the conjunction is directly in the teeth of all classical authority : occasionally the conjunction is used where it should have been omitted, and at other times it is omitted where it should have been employed ; *vel* too is more than once coupled with *aut*, *et* with *ac*, and, worse than all, *aut* with *nec*. Two nominatives also are occasionally to be detected with a verb agreeing with them in the singular number ; different tenses, present, imperfect, and perfect, are joined indiscriminately together, the conjunction being either expressed or understood, and prepositions are sometimes made to govern the wrong case—" *In Turrem includitur*," for example.

Some of these errors, however, as already suggested, are to be imputed perhaps rather to carelessness than to ignorance on the writer's part ; while others, again, it is not unreasonable to believe, are to be attributed to the heedlessness of the scribe who has transmitted to us the only known copy of the work. To the same copyist too is to be imputed, no doubt, the wretched punctuation of the Manuscript ; so faulty in every respect, that it has been found a matter of absolute necessity, in preparing the present transcript for the press, to disregard it from beginning to end.

To leave style, however, for substance, and to proceed to a brief review of the materials brought together in this compilation,[1] and the use that the author has made of them.—From a passage which occurs in the latter part of his Dedication (p. 6), in which he avers that the praises of the fifth Henry are now waxing old, and that he has resolved to rescue them from silence and oblivion, it would almost appear at first sight that there was no existing historical account of that monarch within his reach. This, however, can hardly have been the case,[2] and the gist of his complaint, in all probability, lies in the fact that there was no printed history strictly devoted to the Life of that sovereign then in existence. Seeing that, in those, the youthful days of the press, its advantages,—more especially

---

[1] That is to say, so far as it has survived to us ; for, as noticed in the sequel, there can be little doubt that a large, and perhaps interesting, portion of it has perished.

[2] The Chronicles of Caxton and Monstrelet cannot have been unknown to him ; and supposing him to have written so late as 1543, those of Polydore Vergil and Hardyng would have been within his reach.

by the reforming religionists, of whom Redmayne was one,—were abundantly appreciated, the present sketch, there can be little doubt, was originally intended to appear in print, as being the most effectual method of rescuing the memory of the dead from the increasing silence and oblivion which he deplores. From the language which he employs at the close of p. 6,—" *historia earum rerum prius non explicata, etc.,*" the conclusion seems warranted that it was originally his intention to interweave in his narrative much hitherto unprinted matter relative to Henry's wars with France ; an intention which unfortunately — so far at least as the portion of his narrative which has survived to us—it is to be regretted that he has not, to any considerable extent, fulfilled.

Omitting as undeserving of notice the misplaced adulation which the writer, by way of exordium, lavishes upon the dawning virtues and divine nature (!) of the young prince, and the obscure hint which he throws out, although with some apparent reluctance, that this youthful divinity had, for a time at least, devoted himself to the gratification of the frivolous passions of youthful humanity, — " *inanes adolescentiæ cupiditates,*" — the reader arrives (in page 11) at his first historical fact— the insult offered to the Chief Justice. This sore point, however, in Henry's early career is but lightly touched upon ; though the statement given by Hall and Hardyng, in their respective Chronicles, that, by way of retribution for his offence, he was for a time by the King, his father, "discharged of Council, and the Duke of Clarence (his brother) set in his stead," is supported and confirmed.

In p. 12 Redmayne introduces a distant and figurative allusion to the violent storm which took place on the day of Henry's Coronation, the 9th of April 1413 ; a snow-storm, as Walsingham informs us ; while he in-

b

dulges in the additional remark, in much the same strain as Redmayne, that it was looked upon by some "as an omen that the king would cause the sorrows and severities (*frigora*) of vices to fall in his reign, and the mild fruits of virtues to spring up."

As to Henry's address, pp. 13, 14, which the author would have his readers believe was delivered by the King on the occasion of his Coronation, there can be little doubt that it is based upon the Proclamation which, according to other writers, shortly after his Coronation, he caused to be made, and in which he "provided against corruption of manners and abuses in government; commanded the clergy to be faithful to their sacred charge in preaching sincerely the Divine truth, and by their lives as well as sermons to afford lessons of piety to the people; and enjoined the laity to serve God and obey their sovereign; forbidding under pain of his severest displeasure all acts of adultery, profane swearing, and wilful perjuries."[1] Allowing that thus far it is based upon truth, it is hardly possible to arrive at any other conclusion than that the allusions to the evil life and morals of Sardanapalus, and the *ex cathedrâ* style in which he refers his audience for further information on the duties of a sovereign to the "*Scripta eruditorum*," savour more of the scholastic exuberance of Robert Redmayne than of the educational acquirements[2] of a young man who had so lately relinquished a life of thoughtless and unlearned dissipation. Be this, however, as it may, in this ethical discourse Redmayne has treated his readers to some very respectable

---

[1] Goodwin's History of the Reign of Henry the Fifth, p. 3. (London, 1704.)

[2] He may possibly, however, have acquired a modicum of classical learning at Oxford, supposing the story to be true that he was educated at Queen's College in that University.

Latin, and, while giving play, in all probability, to his imagination, has had the good fortune not to deviate very widely from the truth.

The accusation of Sir John Oldcastle is next touched upon (p. 15); not at the length that could have been desired, but with sufficient minuteness not to leave us uninformed that Redmayne, unlike the earlier historians who had narrated the story of Oldcastle's persecution and dreadful fate, was an enthusiastic admirer of the Lollard sect, and as hearty a hater of the "*nefarii et perditi homines,*" the priesthood whose tender mercies Oldcastle so sorely experienced. The story of Oldcastle's heresies and sufferings is told at greater length and with more chronological correctness by other writers than by Redmayne; though at the same time, taking into consideration the succinctness of his narrative, the fortunes—or misfortunes, rather—of the bold reformer are made sufficiently prominent in his pages to warrant the conclusion that he possessed little short of an equal share in the writer's regards with the more immediate subject of his narrative. The special charges mentioned in pp. 17, 18, as being brought against Oldcastle in reference to his contempt for the Virgin and the Saints, are curious; but they are to be found in the earlier pages of Walsingham as well.

The early use of the word "*Papistæ*" (in p. 18) is worthy of remark; and the mode in which it is employed—"*greges Papistarum,*"—bears strong testimony, were any wanting, to the anti-Romanist tendency of Redmayne's religious convictions.

In reviewing Oldcastle's speech, as given in pp. 19–22, the query cannot but suggest itself to the intelligent reader, whether it is not a composition by Redmayne's own hand, or if not, on what is it founded? There seem indeed strong arguments on which to support the conviction that it is a mere invention of the

writer from beginning to end—an exercise, in fact, of
Redmayne's ingenuity. Whatever may have been Oldcastle's own scholastic attainments, it is altogether
improbable that, when summoned to answer for his
alleged heresies and treasons, and afforded, too, what
would be perhaps the last opportunity for asserting his opinions on the fundamental doctrines of
Christianity, he should appeal exclusively to the
examples of the heathen philosophers, and fortify
himself by their precepts. His sole illustration of the
mutability of fortune is drawn, not, as it might with
great propriety have been, from Holy Writ, but from
the story of King Priam ! For an argument in proof
of the immortality of the soul, he appeals, not to
St. Paul, but to Plato ; and he meets death unmoved, in emulation, not of the first preachers of
Christianity, but of savages and the philosophers of
heathendom ! More marvellous too than all, this
zealous advocate of an improved Christianity is found
invoking, not the triune God of Christians, but the
manifold deities of pagan lore.

Redmayne, it must also be avowed, betrays either
ignorance or inconsistency in the depreciatory epithets
which he so freely bestows (p. 23) upon Roger Acton
and his confederates ; friends certainly of, and, in all probability, religious co-operators with, Oldcastle, the very
man with whom, as a sufferer for his religious convictions, he has so strongly sympathized the moment
before.

It is somewhat remarkable too that Redmayne is
found, though a Protestant, speaking in terms of
reprobation rather than otherwise of the contemplated
design that was in agitation in the early part of the
reign of Henry V., of confiscating the revenues of the
Roman Catholic clergy ; a design which, there can be
little doubt, would have the strenuous support of his
favourite Oldcastle and the other leaders of the Lollard

sect. The question of course naturally suggests itself, —Was Redmayne himself a member of the priesthood? — and was he consequently animated by a certain amount of fellow-feeling in his reprobation of this scheme?

Redmayne's statement that the supporters of the movement in question entered into some rather elaborate statistical details, for the purpose of showing that the revenues of the clergy would afford ample means for alleviating the King's pecuniary difficulties, is corroborated more or less by Hall and Fabian, and other Chroniclers; the first of whom exactly agrees with him in the minuteness of his details, to the effect, that the temporalities of the Church would suffice for the support of 15 Earls, 1,500 Knights, 6,200 Esquires, and 100 Hospitals, besides contributing a yearly revenue of 20,000*l.*, to the royal Exchequer.

That Henry himself ever seriously entertained this proposition is very doubtful; but be this as it may, in order to avert the proposed spoliation, Archbishop Chicheley, with more astuteness than high principle, determined, as Goodwin says, " to kindle the enter- " prising spirit of the king in the heat of his youth, " to demand the crown of France as the undoubted " heir, and to attempt the recovery of his just right " by arms," the wily ecclesiastic also making offer, in the name of the Clergy, to supply a considerable sum of money for the necessary expenses of the war.

Redmayne gives at considerable length (pp. 25–27) the speech made by the Archbishop before the King and the assembled Parliament on this occasion. Some portion of it, like other parts of his work, may possibly be the writer's own creation; but that in the main it is authentic we have strong corroborative proof in the report of the Archbishop's speech, as embodied in Hall's Chronicle. It is deserving of remark, that the worthy prelate, in his laborious attempts to support Henry's most groundless pretensions to the French crown, with singular appropriateness quotes Pharamond as the originator of the Salic Law, a mythic personage, whose existence, there can be little doubt, is as wholly unsubstantial and fictitious as the claims which the speaker is so disingenuously labouring to support.

The speech attributed to the Duke of Exeter in pp. 28–30,—or rather, to speak with strict correctness, the Earl of Dorset, for such at that period was his title, —though based upon reality, as we learn from Hall's Chronicle, bears marks, more particularly towards the close, of Redmayne's powers of expansiveness ; and while there is no room for doubt that he combatted the weighty objections raised by the Earl of [1] Westmoreland, and stoutly supported the Archbishop's proposition, it would be rather too great a tax upon our credulity to believe, making all allowance for his learned education in the Universities of Italy, that he occupied a large proportion of his address with a disquisition upon the prowess of ancient Rome, and the spirit of patriotism that was unfailingly evoked by the dangers of the republic. His allusion (p. 29) to the active alliance even then existing between the peoples of Scotland and France, (also mentioned in Hall's version,) is deserving of remark ; an alliance which, commencing at a still earlier period, was destined to exist for near two centuries after, and to leave to a still later period its traces upon the manners, institutions, lan-

---

[1] It is curious that Redmayne omits to give this nobleman's speech on the present occasion ; and the more so as, according to Hall's version of it, it really was in a somewhat classic strain.

guage, and architecture of the former race.[1]   Fear and hatred of England were of course the common bond.

The speech of Bouratier, Archbishop of Bourges, (pp. 32–34), as given by Redmayne, on the occasion of his mission for the purpose of averting the threatened invasion, bears no resemblance whatever to the version of it found in the pages of Monstrelet, beyond the simple fact that both writers make mention of the offer by the French King of the hand of the Princess Katherine, his daughter, to the English Sovereign. The more florid portions of the speech, with the allusions to Troy and Carthage, Rome and Alba, and the blood-stained Darius, must, almost of necessity, be set down as among the writer's trials of his classic prowess, and as solely based upon a too luxuriant imagination.

According to Laboureur, in obedience to Henry's commands, it devolved upon the Bishop of Winchester to reply to the arguments and propositions of the Archbishop of Bourges. Redmayne, on the other hand, tells us that it was the Archbishop of Canterbury who received the royal injunctions. This contradiction too is the less easy to be reconciled, as it is in vain that we endeavour to detect the slightest similarity between the two speeches. It is only fair to say, however, that there is one feature of probable genuineness in the Archbishop's speech as given by Redmayne; he wholly forbears to soar into the regions of heathen

---

[1] The Scotch are a wonderfully altered people now, if in Henry's day they merited the character of being "*Incauti et improvidi,*" as stated in p. 29. How, however, our author could reconcile these epithets with the character which he equally gives them of being "*Genus ad rem satis attentum*" it were useless to enquire. That the Scots were at that time "*Rerum quæ in vita communi geruntur penitus ignari,*" from a knowledge of the woful shortcomings in civilization of their more polished neighbours, can be very readily believed.

philosophy and classic lore, and contents himself with some specious attempts at both reasoning and frightening the French into a compliance with Henry's unjust and exorbitant demands.

The terms too of abject flattery with which the speech commences, and the insolent and remorseless spirit which it breathes, savour strongly of the ambitious ecclesiastic, whose one great and paramount object was the maintenance intact of the prerogatives and possessions of his order, and the supreme authority of Mother Church.

The classic and philosophic tone of Henry's speech in rejoinder (pp. 36, 37) to the French Ambassador's, has been already noticed. On examination of the other chroniclers, it seems very doubtful if, in reality, Henry made any speech at all on this occasion.

The individual mentioned as "Antylopus," in p. 38, was, no doubt, a herald so called, and one of the King's Pursuivants; an antelope being assumed in his reign as one of the supporters of the royal arms.[1]

In page 43 the attentive reader will hardly fail to discover the most important feature in the work, as it now appears. Though the fact is not to be detected from the state of the only known existing Manuscript, there is evidently at this point a most unhappy hiatus, which has torn away from us the very vitals, so to say, of the narrative. From the midst of the siege of Harfleur, without waiting even for its termination, we are in the next line

---

[1] For badges the King used an antelope gorged with a crown and chained; a swan similarly adorned; and a beacon inflamed. These devices are sometimes seen united, as in the cornice of his tomb in Westminster Abbey. (Annals of England, vol. 2, p. 30.) See also also p. 125 of the present Volume, where an antelope is mentioned among the figures represented in the pageant on London Bridge upon the occasion of Henry's return from Agincourt.

transported to the field of Agincourt, and find the English King, on the eve of the battle, actively engaged in assigning their posts to the several divisions of his diminished troops. That this serious deduction from the value and interest of the narrative is the result, not of design, but of accident, can hardly admit of a moment's doubt ; but as to the cause of this unlucky mischance, all surmises would, of course, be useless.

The speech which our author attributes to Henry previous to the battle (pp. 43, 44), deserves but little comment. It is as nearly genuine, probably, as a report of an oration of such a nature, and delivered under such circumstances, is likely to be. As represented in the glorious address made for him by Shakspeare, the King insists upon the sufficient resources of his troops for encountering the foe, without the aid of one man more from England. As this rather rash assertion is also a favourite topic with most of our historians, there can be little doubt that this passage at least, in Redmayne's version, "*Nihil necesse est fortes milites quos in Anglia reliquimus evocare, acsi fracta esset spes victoriæ,*" is based upon truth.

It is, perhaps, not altogether undeserving of remark, that in p. 45 we meet with an attempt--the only one, and that somewhat insipid, it must be admitted—at irony and jocoseness on the writer's part. " Our men," he says, " had to endure *the calamity and misfortune,*" the night before the battle, " of having their lives " made the stake," by their French antagonists, " of " casts of the dice, a game forbidden by the laws."

Redmayne's sketch of the Battle of Agincourt is so slight in its nature, and so destitute of any feature approaching to interest or novelty, that hardly a word of further comment is needed in reference to it. Seeing that he has done so little to inform his readers upon this, which should have been the most stirring

portion of his narrative, we are all the more reconciled
to the loss of his account of Henry's march through
Normandy and Picardy after the siege of Harfleur,
series of tableaux, .amid his various feats of arms, that
have been so strikingly delineated in the circumstantial
narrative given in Elmham's metrical version, here
printed. If Redmayne did no more justice to Henry
marching than he has done to Henry fighting, the loss
of this portion of his Biography is little to be regretted.

The whole, in fact, of Henry's career after the battle
of Agincourt is treated with what might be styled, if
we were speaking of an author of less marked eccen-
tricities, a most singular succinctness. Of the few facts
narrated, there is not one that either presents a novel
feature or is unanticipated by the other historians ; and
indeed it would almost appear that, whatever were the
writer's aspirations at the commencement of his work,
his only object now is to hasten as speedily as possible
to the close of Henry's career, and the consequent
completion of his task. His two most important topics
are the sieges of Caen and Rouen, nearly a page being
devoted to the imprudent speech of the personage
delegated by the people of the latter town to plead
their cause, and half a page to the King's answer ;
both of which bear a considerable resemblance to the
speeches as given in Hall's Chronicle ; and the only
noteworthy point in reference to which, so far as our
author is concerned, is the fact that, here at least,
and at last, he has abandoned the heroes and philosophers of antiquity, and represents Henry as speaking
to the purpose and in a very rational strain.

The surrender of Rouen, the negotiations with the
French for peace, the King's marriage with the Princess
Katherine, his illness, his dying speech, and his death,
are all included in three brief pages ; and in this un-
satisfactory manner does the writer, who in his Dedicatory pages has been rather profuse, suggestively,

in his promises of novel revelations, bring his work to a close.

The MS. of Robert Redmayne's "Historia Henrici Quinti" is a paper small octavo, sewed on parchment slips, and bound in a calf binding of the early part of the 17th century. It contains one hundred and thirty leaves, the first thirty-six of which are closely written upon on both sides; at the end of which, there is an hiatus in the volume, some leaves which had been written upon having been torn out; and the marginal remains of the writing disclose a style of penmanship altogether different in character from that in the Manuscript itself. The remainder of the leaves are blank. On the title-page appears an inscription, implying the · presentation of the volume to "William Thresher in ye 28th day of Sept. ye 1690," with the word "Rhodes" written above; who the giver was, is, and probably will remain, unknown. There are a few other marks in the title-page and elsewhere in the volume, which to all appearance are the results of mere scribbling "for want of thought." The volume is in good condition, and forms part of the Gale Collection of MSS. in the Library of Trinity College, Cambridge.[1] Its present mark in the Catalogue is O. 1. 47.[2] The

---

[1] The Editor here desires to offer his sincere thanks to the Master and Fellows of Trinity College for the courteous readiness with which they have afforded him the loan and use of the MS., and to the Rev. H. R. Luard for his kindness, in soliciting this favour on his behalf.

[2] In reference to the transmission of the MS. to its present owners, the Rev. J. Edleston, of Trinity College, Cambridge, has obligingly furnished the following particulars:—In the Third Volume of Nichols's "Topographia Britannica" Roger Gale is stated to have bequeathed this MS. among several others to the College; but this is evidently a mistake. In 1738 Roger Gale sent to Trinity College, Cambridge, from Scruton in Yorkshire, where he lived, the collection bequeathed to him by his father Thomas Gale, the well-known antiquarian. This collection was numbered from 1. to 430., but among the MS. thus forwarded to Trinity College were several others not

Manuscript is a copy, and probably the only one in existence, of the original work ; the date of the handwriting being the close of the 16th or first quarter of the 17th century. Redmayne, as already remarked, composed the work in the latter part of the reign of Henry VIII.: the locality of the original, if indeed it has survived to the present day, is, so far as the Editor has been able to ascertain, unknown.

In entering upon an analysis of the next sketch, the *"Versus Rhythmici de Henrico Quinto,"* it is only from the internal evidence afforded by the work itself that the reader is enabled to discover the rank or status of the author, and thence to form an estimate of the historical credibility of his compilation. In line 139 there is evident proof that he was an ecclesiastic and a member of the royal household; for beyond all question he here speaks of himself as reading, or rather intoning, mass in the King's presence. As to any further or clearer information beyond this, or even inference, relative to his personal history—except that in l. 208, he identifies himself with the monks of Westminster Abbey, a foundation which evidently held a high place in his regards,—it seems impossible to arrive at it either by indication or conjecture.[1]

---

noted in the Catalogue. On being told of this fact, Roger Gale wrote on the 15th October 1738 an explanatory letter, probably to Charles Mason, Fellow of the College, who arranged the whole of the MS. in the College Library : in this letter he said that the MSS. not mentioned in the Catalogue were 'some that ' came to my hands when I lived ' in London, and were never entered ' into the Catalogue.' This supplemental group of MS. were numbered by Dr. Mason from 431. to 454.; and 431. is Robert Redmayne's History.

[1] Was he the writer of the *" Henrici Quinti Angliæ Regis Gesta,"* the so-called " Chaplain's Account," edited by Mr. Williams for the English Historical Society in 1850? Whether or no, the question is worth the asking.

Premising that the writer, though he somewhat unscrupulously violates the rules of Prosody and Syntax, —and that too in manifold instances,—shows on the whole a much greater respect for the requirements of both, than the author of the proso-poetical composition which forms the third article in the present Volume, a brief examination of these curious lines may interest the reader, and possibly inform him as well.

Curt as is the worthy Benedictine's narrative—for Westminster, be it remembered, was a Benedictine Abbey,—his purpose is an ambitious one, and in his own enigmatical way, he sets out with a Table of intended Contents (p. 64) that would have been quite sufficient to prepare us for the reception of a Biography of a hundred pages, instead of a sketch of barely twelve; a sketch, however, it is only fair to add, almost every line of which is pregnant with information on matter either of opinion or of fact. It is his intention, he tells us, to speak of the birthplace of the royal subject of his verse; his early disposition; his gradations through the ranks of Earl, Duke, and Prince; his elevation to his father's throne; his personal appearance, as estimated by the writer himself —" *ad mentem capta*;" his manners, his morals, and his good deeds; the imperial munificence of his household; the perfidious designs of his enemies, and how by Divine interposition they were thwarted; the points in which, by his good works, he imitated the examples of men celebrated in Holy Writ; and his various acts of bounty to the Abbey of Westminster; promises, all of them, which, singularly enough, in spite of the cramped nature of his style and the limited extent of his performance, he has very fairly fulfilled.

This mention of the 'cramped nature' of the author's style, almost of necessity induces a digression for the purpose of explaining the character of the peculiar difficulties which were so likely to stand in the way

of the writer giving full expression to his knowledge
or his thoughts.

By classical readers these difficulties will be appreciated in a moment, when they perceive, or are
informed, that the style and measure adopted by the
author of this narrative is varied Leonine throughout,
Leonine of almost every known shape and form. The
measure too, though with a considerable degree of contempt for quantity, according to the standard rules of
authority, is intended for hexameter; but in one or two
instances lines are to be met with, l. 266 for example,
of a stunted growth, and stopping short in the form of
pentameter.

As it is not often that we meet in a single work
with so copious a collection of the various styles of
Leonine composition, the rhymes of which seem to have
had their peculiar charms for the Latin poetasters of
Europe from the days of William the Conqueror and
the School of Salerno down to those of the defeated
Jacobites of '45' the reader's patience will not perhaps
be unwarrantably intruded upon by extending this digression to a brief analysis of the several forms of this
favourite species of mediæval and misplaced literary
ingenuity that are here to be found.—As for distinguish-
ing each of them by its own technical and separate
appellation, that is a task which few, if any, it is presumed, have it in their power to accomplish; for the
result of more enquiry than perhaps the subject is
worth, is, that but few distinctive titles or appellations
for the various shades and shapes of Leonine versification
have come down to us.

Ll. 1 to 14, it will be found, are all cast in a similar
mould, a rhyming couplet being included in each line,
and the first member of the couplet ending with the
cæsura of the third foot; for example:

l. 3. { *Versibus his prodam*
        { *Quod Ÿeci tempore quodam,*

l. 4. $\left\{\begin{array}{l} Sub\ modico\ tecto \\ Pausans\ in\ paupere\ lecto.^1 \end{array}\right.$

Ll. 15, 16 also form two rhyming couplets, but with this variation, that the rhymes are alternate; or in other words, the first portion of l. 15 rhymes with the first portion of l. 16, and the second portion with the second; thus:

l. 15. $\left\{\begin{array}{l} Rex\ operando\ bonum \\ Sanctos\ patres\ imitatur, \end{array}\right.$

l. 16. $\left\{\begin{array}{l} Westensemque\ domum \\ Renovat,\ juvat,\ et\ veneratur— \end{array}\right.$

the turning-point being still at the cæsura of the third foot.

Ll. 17–22 inclusive, are similar in formation to ll. 1–14. Ll. 23–34 (ll. 29 and 30, 31 and 32 excepted) are again totally different in structure, and exhibit a considerable amount of, as already suggested, ingenuity much misspent. Each pair of lines forms in itself three rhyming couplets; for which purpose, each line is divided into three members of two dactylic feet each, (the final foot of the line of course excepted), thus not only forming a couplet in itself, but leaving the final two feet to rhyme with the termination of the following line:

l. 23 $\left\{\begin{array}{l} Rex\ venerabilis, \\ Aptus,\ amabilis, \\ Es\ reverendus, \end{array}\right.$

l. 24 $\left\{\begin{array}{l} Moribus,\ actibus \\ Es\ probus,\ omnibus \\ Et\ metuendus. \end{array}\right.$

---

[1] Sir A. Croke, in his " Treatise on the Rhyming of Latin Verse," calls these lines ' *Versus cristati.*'

In ll. 29 and 30, the odd feet are dactyls, the even, spondees, the rhyming couplet in the first line rhyming with the similar couplet in the second:

l. 29
$\begin{cases} Tu\ miserando, \\ Compatiendo, \\ Fers\ pietatem, \end{cases}$

l. 30
$\begin{cases} Jura\ tenendo, \\ Vera\ docendo, \\ Fers\ probitatem. \end{cases}$

Ll. 31, 32 seem only intended to form a single rhyming couplet in themselves:

Militibus, simul armigeris, dignus dominator,
Divitibus, sic pauperibus, mitis moderator.

Ll. 35–42 are similar in structure to ll. 15, 16 already analyzed; but ll. 43, 44, introduce another variety, as they form double rhymes, the cæsura of the third foot and the termination of each line all ending alike:

l. 43
$\begin{cases} Utpote\ venari, \\ Falconibus\ et\ recreari, \end{cases}$

l. 44
$\begin{cases} Undis\ piscari, \\ Vel\ eques\ ve\ pedes\ spatiari.^1 \end{cases}$

In ll. 45–50 the writer resumes the structure of ll. 15, 16; while ll. 51–54 are like ll. 43, 44 just mentioned. Ll. 55–72 resemble ll. 15, 16 in form; and ll. 73–88 (with the exception of ll. 75, 76) that of ll. 1–14. In ll. 75, 76 the structure of ll. 15, 16 is resumed.

Ll. 89–106 (ll. 95–98 excepted) adopt ll. 15, 16 as their model; ll. 95–98 resembling that of ll. 1–14; which is the case also with ll. 107, 108. In ll. 109–118 the writer again reverts to ll. 15, 16 as his model. Ll. 119, 120 resemble ll. 43, 44 in form, the same structure being also followed in ll. 123, 124. Ll. 121, 122 are

---

[1] According to Sir A. Croke, these lines are termed ' *Versus reciproce Leoninicenses* ' or ' *dicaces.*'

similar to ll. 15, 16 in form; and ll. 125–128 follow
ll. 1–14 as their model.

From ll. 129 to 174 (ll. 145, 146, 149, 150 excepted)
the writer resumes the alternate rhymes of ll. 15 and
16; the twofold rhymes of ll. 43, 44 being adopted in
ll. 145, 146, if indeed the writer really does intend
lætitia and *officia* to rhyme with *serena* and *plena*. In
ll. 149, 150 a new style is introduced, a variation, in fact,
upon that of ll. 23–28, the two lines forming three sets of
rhymes, the first and second portions of the first line
rhyming with each other and with the first and second
portions of the second line, and the third portion of the
first line rhyming with the third portion of the second
line; thus:

$$\text{l. 149} \begin{cases} \textit{Quisque venit,} \\ \textit{Si digna petit} \\ \textit{De munere Regis,} \end{cases}$$

$$\text{l. 150} \begin{cases} \textit{Lætus abit,} \\ \textit{Si justa sapit} \\ \textit{De pondere legis.} \end{cases}$$

It will be observed too that the rhymes are not, as in
ll. 23–28, 29–30, at the end of the second and fourth
feet, but at the cæsuræ of the second and fourth feet;
though, so far as the alternate dactyl and spondee are
concerned, the model of ll. 29–30 is followed.

Ll. 175, 176 resemble ll. 1–14; ll. 177 and 178 take
the form of ll. 15, 16; and ll. 179, 180 that again of
ll. 1–14. Ll. 181, 182 are on the model of ll. 29, 30;
ll. 183,[1] 184 on that of ll. 23–28; and ll. 185–204
(except 201, 202 which follow the structure of ll. 43,
44) are similar in form to ll. 1–14. In ll. 205, 206 the
structure of ll. 15, 16 is followed, and in ll. 207-214

---

[1] Except in the word "*prima*," which may perhaps have supplanted some other word. So far as rhyme is concerned, "*præmia*" would have been better.

that of ll. 1–14: in ll. 215–230 the model of ll. 15, 16 is again reverted to.

In ll. 231–234 a new arrangement is adopted, the first portion of the first line, at the cæsura of the third foot, being made to rhyme with the second portion of the second line; and the second portion of the first line with the first portion of the second line, at the cæsura of the third foot; thus:—

l. 231 {
Jugiter inclusus
Fundit pro rege precatus;

l. 232 {
Contulit ornatus
Cui Rex altaris ad usus.

Ll. 235–240 (with some halting in ll. 239, 240) resemble ll. 1–14 in structure; ll. 241, 242 following ll. 15, 16 as their type; and ll. 243–246 reverting to that of ll. 1–14. Ll. 247, 248 form double rhymes like those of ll. 43, 44; ll. 249–270 adopt the model of ll. 15, 16; ll. 271, 272 that of ll. 1–14; and the concluding lines 273, 274 are again fashioned after the oft repeated pattern of ll. 15, 16; the style, in fact, most prevalent throughout the poem.

Who shall say then that this is not labour and ingenuity much misplaced? and who shall deny that, as a vehicle for imparting historical information, the toilsome Benedictine's adopted style may most justifiably be pronounced cramped?

It is full time, however, to revert to our suspended analysis of the more noteworthy passages of this singular composition.

The character given of Henry in ll. 41, 42, to the effect that he does not suffer himself to be led away by sensuality or vicious pursuits, as the writer uses the present tense, and not as reviewing the days of the King's adolescence, is probably less amenable to the charge of adulation than the highflown terms which Redmayne employs in portraying him as almost a

prodigy of virtue, little short of divinity, from the days
of his early youth. The brief reminiscence too, in
ll. 47–50, of the favour shown to him by King Richard,
and of the honours lavished upon him by that unfor-
tunate prince, is deserving of notice; and the same
may be said of the description of the King's Coronation
(ll. 55–68); in reference to which, however, the writer
omits to mention the snow-storm of the day on which
it was celebrated, but tells us that Henry looked very
much like an angel (l. 65) on the occasion.

To the description of the King's person, which is
interesting, not only as being more copious than
that given in Hall's Chronicle, but as coming from
one who, no doubt, had almost daily opportunities of
seeing the personage whose portrait he has so minutely
described, it would be an almost culpable omission to
neglect devoting a few words. The contour of his
cranium is placed before us,—spherical in form,—
together with the breadth of his forehead, the remarks
upon the significance of which (ll. 71–73) go far towards
proving that the writer was no mean phrenologist, in
his way. Henry's hair is here represented as brown,
thick, and smooth (*plani*), his nose straight, and his face
becomingly oblong. His complexion is florid, his eyes
are bright, large, and of an auburn (?) tinge (*subrufe
patentes*), dovelike when unmoved, and fierce as those
of a lion when in anger. His teeth are even, and white
as snow, his ears graceful and small, his chin divided,
his neck fair and of a becoming thickness throughout,
his cheeks of a rosy hue in part, and partly of a delicate
whiteness, his lips of vermilion tint, his limbs well
formed, and the bones and sinews of his frame firmly
knit together. Such is the portrait [1] which, despite the

---

[1] By way of parallel, Hall's de-
lineation is appended, though it dif-
fers in one or two particulars: "He
" was of stature more than the comen
" sort, of body lene, well mēbred
" and strōgly made, a face beautiful,

fetters put upon him by his Leonines, this right loyal
Benedictine has contrived to paint of the form and
features of our fifth Henry.

Proceeding, in the next Chapter, to the manners and
mental qualities of his royal patron, the King's attention
to his religious duties naturally occupies the early
notice of his Biographer, and the Chaplain is particularly
careful to let his readers know that it was his Majesty's
practice to be punctual in his attendance at mass, and
to pay him the compliment too of "sitting out the
" service,"—to adopt the common vernacular,—for such
there can hardly be a doubt is the meaning of the otherwise obscure line (92), "*Et caput et finis inter divina*
" *tenetur.*" His weekly practice of confession is also
deemed worthy of remark, and we are favoured with a
scrap of antiquarian information in the statement that it
was his custom to shut himself up in the royal closet[2]
during mass.

In l. 104 allusion is made, it is presumed, to the fire
which desolated the town of Tewkesbury in this reign,
and which is also mentioned in a Glossarial Note to
Elmham's Chronicle, page 96 of the present Volume.
On such an occasion as this, Henry would find abundant
opportunities for the exercise of his charitable disposition towards the poor. In ll. 115, 116 the King's hatred
of perjurers and of those who forswear themselves on
the sacrament of Christ's body, is perhaps (though it
must be admitted that the passage is very obscure,)
alluded to. Somewhat in support too of the vast

" somewhat long necked, black
" heered, stout of stomake, eloquent
" of tong, in marcial affaires a
" very doctor, and of all chivalry
" the very paragone." Hall's
Chronicles, p. 113, edition 1809.

[1] The translation of " *cellula*"
(l. 95) by our word " pew " might
possibly give offence : though what
was really the difference between
the royal closet and a modern pew,
such, for example, as belongs to the
" Squire of the Parish," is more than
most antiquarians probably would
like to take upon themselves to
decide.

scholastic acquirements for which Redmayne certainly intends to give him credit, we are informed that Henry, notwithstanding his attention to his religious duties, the calls of the cares of state, his study of the art of war, the pursuits of hunting, and falconry, and archery, could often find time for the " *cura honesta* " (l. 131) attendant upon the study of books.

Coming next to the praises of the King's household, the writer again takes occasion to express his satisfaction, not improbably mingled with some degree of pride, at the laudable demeanour of the royal retainers during his celebration of Divine Service ; the very moment, in fact, that he has struck up in loud and tuneful key. It is this line also (l. 139), " *Nemo vacat nugis post vocem concito claram,*" as already remarked, that discloses the writer's rank and calling, and his close connexion with the Court.

In the allusion to a King " *nunc tempore sanus* " (l. 147), reference is covertly made, in all probability, to the late King, Henry IV., who was afflicted with leprosy and epilepsy in his latter years. Most antiquarian scholars will not improbably coincide with the suggestion that when the writer penned lines 147, 148,—

" *Tota domus redolet Regis nunc tempore sani,*
" *Ut redolere solet quondam laus Octaviani.*"

he had before his mind's eye the oft-quoted epitaph on the tomb of Fair Rosamond at Godstow—

" *Hac jacet in tumba rosa mundi, non rosa munda;*
" *Non redolet sed olet, quæ redolere solet.*"—

before her remains were so unceremoniously turned out of the chapel by order of Hugh, Bishop of Lincoln.

The Lollards, who have been already mentioned in a disparaging tone in l. 136, are again introduced, in reference to their criminal designs against the Romish Church, as the leading subject of the succeeding Chapter.

Acton's conspiracy, at the season of Christmas in 1413, is little more than hinted at, but we are assured that not only was it the design of the conspirators to seize the King's person, but even to put him to death. Almost worse too than this, some of the prelates were to be deprived of their sight, decapitation being the fate reserved for the more high-born among the nobility; whilst it was seriously proposed to set the religious at work upon servile occupations, to send the Mendicant Friars into exile, and to select the future priesthood from the ranks of the heretical and disaffected; items of information, most of which are more fully set forth in the pages of Walsingham's Chronicle.

In the obscure and almost unintelligible lines 182, 183, the " *honor prior*" and the " *gratia*[1] *prima*" may possibly mean the First Part or Division of this laudatory poem, the Second Part being implied, with equal licence, in the expression "*prece secunda*" in l. 184.

Culminating now to the seventh heaven of adulation, the writer proceeds to draw upon his Biblical resources, in heaping comparison upon comparison—Pelion upon Ossa—in reference to points of resemblance between his belauded sovereign and the men of Scripture ; whether good, bad, or indifferent, seems little to matter to him. Joseph, David, Solomon, Jonathan, Absalom, Sampson, Moses, and Phineas form this list of Scriptural prototypes ; and the points of comparison are summed up with an aspiration on the part of the writer that Henry may be destined to attain the longevity or

---

[1] See, however, the Note to page xxxiii.

Methusaleh! Not altogether satisfied, however, with these patriarchal parallels, he finds other features of resemblance to Henry, in Tully, and Hector, and Argus, sincerely trusting too that the Deity may shower upon him wealth, nothing less than that of Crœsus. Descending again from the days of Biblical and classic antiquity to those of British myth, he finds room for complimenting the King upon rivalling even Sir Gawain himself in urbanity (l. 197), a *preux chevalier* of "good King Arthur's reign," who in the earlier Romances is a very model of knighthood, and whose name is there ever to be found *sans reproche*, but who, for some time before Henry's reign, had unfortunately been under a cloud; thanks to the agency of the rhapsodists who, in composing the later Romance of " Sir Tristram," by bringing him into a rather too close companionship with the frail and faithless Guenever, had taken most unwarrantable liberties with his good name.

L. 214 deserves remark as one of the few almost untranslateable lines in the work; the writer's meaning, however, may possibly be that, after a few words devoted to another subject, he will proceed to enumerate the more substantial benefits conferred by Henry upon Westminster Abbey; the restoration of the ruby ring given by Richard the Second to the Abbey being probably that other subject.[1]

Lines 221, 222, can hardly be other than an interpolation, made long after the death of Henry, and posterior to the death of his Queen, Katherine of

---

[1] Goodwin (p. 341), quoting from Stow, gives a rather different account of this ring : "For that ring " given by King Richard to St. Ed- " ward's shrine, and afterwards " taken away, he gave another, in " which was a ruby valued at a " thousand marks."

Valois, who afterwards married Owen Tudor; for the only possible interpretation, it would seem, that can be given to a passage so obscure as line 222, "*Postea sponsalis tumbæque suæ patet ædes*," is, that the Abbey had afterwards become the burial-place of both Henry and his wife.

The "*Flores Historiarum*" mentioned in l. 235, as being restored to Westminster by Henry, was, most probably, a copy of the Chronicle of Matthew of Westminster, known by that name.

In l. 228 the epithet "*Leopardi*" is applied[1] to Richard II. A leopard was the crest of his father, the Black Prince, and from him not improbably he may have inherited it.

There is little that calls for additional remark in the style of the writer of this singular work. His predilection for Leonines in all their varieties would of course be not unlikely to interfere materially with his writing in very choice and elegant Latin, or observing with rigidness the rules of Prosody according to the ancient standard. Still, however, his Grammar and his Prosody are quite on a par with those of most similar compositions of the Middle Ages.

The MS. of this work is contained in six vellum leaves, paged 173 to 178 inclusive, in a small quarto volume among the Cottonian Manuscripts (Cleopatra B. 1). It is thus described in the Catalogue of Contents, at the opening of the volume: "4. In laudem Henrici V[ti] Carmina Heroica, incerti Authoris." The hand is of the earlier half of the 15th century. The facsimile which faces the title-page of this Volume is taken from fol. 176, l. 183 to l. 212.

---

[1] It is possible, however, that the epithet may apply to an officer or Pursuivant so called, to whose care the re-interment of Richard's body had been entrusted by the King.

In reference to the authorship of the "*Liber Metricus,*" as will in the sequel be satisfactorily shown, there can be little question or dispute. Of the life of the writer, Thomas of Elmham, a Benedictine monk of St. Augustine's, Canterbury, but little is known; that little has, however, been ably brought together by Mr. Hardwick, in the Introduction to his recently published Volume, "*Historia Monasterii S. Augustini Cantuariensis,*" belonging to this Series; and to him the Editor is bound, alike in duty and in inclination, to acknowledge himself indebted for the particulars connected with Elmham which he is enabled to place before the reader.

Thomas of Elmham was in all probability a native of the place so called, and consequently a Norfolk man. We first meet with him as a Benedictine monk of the Monastery of St. Augustine, Canterbury. In 1407 he held the office of Treasurer of his Convent, and probably continued his tenure of that office till 1414; at which period he had ceased to be a Benedictine, and, having joined the more rigid Cluniacs, had become Prior of the Conventual House of Lenton in Nottinghamshire. In 1416 he was appointed Vicar General for the kingdoms of England and Scotland to Raymond, Abbot of Clugny; and ten years later he was further promoted to the office of Commissary-General in Spirituals and Temporals for all vacant benefices belonging to the Cluniac Order in England, Scotland, and Ireland. In the same year he voluntarily resigned his post at Lenton; John Elmham, probably a relative of his, being then collated to the appointment. The latest notice that we have of Thomas of Elmham is in a Chapter annexed to his prose History of Henry the Fifth, in which he invokes the friendly criticism of his intimate acquaintance, "the glorious Doctor, Master[1] John Somersethe;"

---

[1] Page 338 of Hearne's edition. Whatever may be the date of this supplementary Chapter, the prose History was certainly written before

whose reputation was not sufficiently established, Mr. Hardwick thinks, till about 1440, to admit of his being thus flatteringly addressed.

In addition to his " History of St. Augustine's," and other literary labours, Elmham, as already incidentally remarked, was the author of a prose Life of Henry V., which was published in 1727 by the enthusiastic and indefatigable Thomas Hearne ; a work which, though written in a verbose and inflated style, is of considerable historical value, and perhaps has not been sufficiently examined by the historians of modern times. According to Archdeacon Wilkins (Preface to Bishop Tanner's " *Bibliotheca Britanno-Hibernica*," pp. xliii. xlv.) the better known work of Titus Livius Foro-juliensis is little more than a compilation from Elmham's prose History,—" with this merit, however, that the " Thrasonic and turgidly poetic style of the original is " changed for one of greater severity, and more be-" fitting the historian."

The present Metrical, or rather Proso-poetical, History, as, in page 80, the writer seems inclined to call it, would appear to have been written by Elmham as an afterthought, and by way of supplement to his prose History; to which work, most indisputably, in p. 79 distinct allusion is made. In the same page too he would almost seem to imply that it is intended to be a compendium of a few of the more important facts that are contained in his former book. If such, however, is his meaning,—at which it is impossible, perhaps, to arrive with positive certainty,—it is one very much at variance with the actual character of the work; for there are numerous historical facts, some of them both curious and important, mentioned in this metrical

---

the "*Liber Metricus*;" and this last bears internal evidence of its having been written in the lifetime of Henry V., who died in 1422.

version which are nowhere alluded to in the prose History; while in the latter, a work of considerable bulk, there is of course very much to which no allusion is made in the later compilation. In spite of all the attempts made by the author in his Prœmium, pp. 79–81, to suggest plausible reasons for his writing this additional History—reasons which, from the obscurity of his language, cannot perhaps be so exactly appreciated as, if more clearly stated, they might have been—there seem to be some grounds for believing that the writer has not given the real motive for taking in hand the present work. In p. 81, where he says that the things narrated were either witnessed by the Compiler himself, or were learnt by him from the faithful relation, both in words and writing, of others who had been present, he seems distantly to hint at the truth, and no more. That truth, there is fair ground for supposing, consists in this; that, since writing his prose History, he had seen the History of the same reign, or, at all events, the first half of it, now known[1] as "the Chaplain's Account:" even more, too, than this, it is not unlikely that the Chaplain himself (who had accompanied Henry throughout his first French expedition), may have placed the work in his hands, and even have given him some verbal information as well. Be this, however, as it may, the resemblance of the *Liber Metricus* to the "Chaplain's Account" is patent in almost every page; while, at the same time, the writer must have been indebted also to other sources of information, as new matter is occasionally to be found which the Chaplain has failed to insert. This Metrical History, there can be little doubt then, was intended by Elmham to be a supplement to his Prose one, and that too, based upon the best authority within his reach. From an occa-

---

[1] See page xxviii *ante*.

sional similarity of matter and language, it seems very probable that John Capgrave, author of the treatise " De Illustribus Henricis," had seen the present work, and had made some use of it in compiling his short account of the reign of Henry V.

The proofs that Thomas of Elmham, author of the " History of St. Augustine's," was also the writer of the work before us, are two-fold. First, in that History lines are to be found almost identical with passages in the present composition; compare, for example, "*Almiphonis jubilate tonis per rura colonis*" (Hist. St. August. p. 93), and the three preceding lines, with l. 698, as also with *Marcida tellus—Almiphonis resonent* etc., in the closing page of the " *Liber Metricus*": in addition to which, ll. 579, 1180, 1181 are inserted in their entirety at the close of the Chronological Table which Elmham has prefixed to his [1] " History of St. Augustine's." Secondly, Elmham has taken care, though quite in accordance with the mysticism and obscurity which pervades every page of this work, to let the reader know he is the author, by inserting his name in acrostics at the beginning and end of his metrical narrative, pp. 93 and 166 of this Volume,—" Thomas Elmham," in the first instance, and " Thomas Elmham, Monachus," in the second: N. L., the initial letters of the closing lines, being possibly intended for " *Norfolchiæ Liber*," " Freeman of Norfolk," or some expression to the like effect.

Thomas Hearne, in his Preface to Elmham's prose History (p. xxviii.) has spoken in but disparaging terms of the " *Liber Metricus*": his reason, however, for thus expressing himself, there are grounds for believing, is mainly based upon the fact that the writer's meaning was too obscure for him to take the trouble to com-

---

[1] See page 73 of Mr. Hardwick's Volume.

prehend it. " I find it abundantly evident," he says,
" that in this poetical work that method of writing in
" particular has been approved of, which deprives the
" reader of light, and throws a darkness like that of
" night over the things it treats of." This obscurity
the author certainly professes to aim at; but the result
has only had the effect, speaking from a close examination of the work, of making his meaning, throughout
his Prose Introduction, difficult to be divined, and impossible to be understood in some ten or twenty lines
perhaps of the poetical part of the work. As to the
rest of it, though in his *metrical* lines, as he calls them,
he sets Syntax and Prosody more at defiance than a
school-boy does when making nonsense verses, and purposely, as he avows, involves his meaning in obscurity,
his meaning can in all instances without much difficulty
be ascertained; when read side by side with the "Chaplain's Account," more particularly. Hearne's assertion
too that "not only is this poem so obscure as to make
" it almost impossible to be understood; but its matter,
" with the exception of the language, which is here
" altered for the worse, is the same as that of the prose
" History" (Pref. p. xxxi.) is equally unsupported by
fact; as will be abundantly evident on an examination
of them both, with a little more attention than seems to
have been devoted to the subject by that enthusiastic
but rather careless antiquarian.

Seven copies of Elmham's *"Liber Metricus"* are ac-
cessible to the English reader; two being preserved in
the Bodleian Library at Oxford, under the following
titles, *"Epitome Chronicæ Thomæ Elmhami de regno
Henrici Quinti,"* (MS. 462. fol. 326. vellum 4to.), and
" Chronica Regis Henrici Quinti," (MS. Rawlinson,
B. 214. fol. 137. paper, 4to.); and the other five in the
British Museum — Cotton. MS. Julius. E. IV. vellum,
folio; Cotton. MS. Vespasian. D. XIII. paper, small 4to.;
Harleian MS. 861. paper, folio; Harleian MS. 4763.

paper, folio—(all four, like the two former ones, being written at various periods of the 15th century), and MS. 13. A. XVI. paper, 4to., in the Royal Library, a modern copy of the 18th century. The text in the present Volume is printed from Julius. E. IV., collated with Vespasian. D. XIII. and the Harleian MS. 861.

The Julius MS. consists of 24 leaves, written on both sides, in the court-hand in vogue in the time of Henry VI.: it is a fine specimen of penmanship, and has been selected for the text, as much for the care with which it is executed, as for the value of its interlinear Glosses— here printed as Foot-notes to the text —and which are given at greater length than in the other Manuscripts. It commences at folio 89, of the volume, the Manuscript immediately preceding it being a copy of Elmham's prose History.

The Vespasian MS. bears no such marks of careful execution as the one previously mentioned. Its deviations, however, from the text of Julius. E. IV. have been given in all cases of importance [1]; as, from the character of the handwriting, it may possibly have been prior to it in date. The Harleian MSS. 861 and 4763 are little more than copies of Julius. E. IV., not so carefully transcribed.

In justice alike to the author and the reader, the remaining portion of these Introductory pages will be

---

[1] The following brief Chapter appears in Vespas. D. XIII. as immediately subsequent to ll. 1345, at the end of the work, but is omitted in Julius. E. IV. and Harleian. 861. As its existence was overlooked till too late for addition to the Foot-notes in page 164, the present opportunity is taken of inserting it :—

" *De Installatione Domini Johannis Wakeryng, Episcopi Norwicensis, in*
" *festo Benedicti,*—
" Ut vigiles anulo Cristi Norwice gradaris [a]
" Gratia cara docet quo benedictus [b] ovat."

The pun on the prelate's name, Wakeryng, will be apparent to most classical readers : as to the meaning of the remainder of the passage, it seems impossible to speak quite so positively.

          [a] nomen Episcopi in primis literis.   [b] nomen Benedicti.

devoted to a succinct, and of necessity but cursory, analysis of this curious composition, and the interlinear Glosses by which it is accompanied; these Glosses being well worthy the reader's attention, from the items of rather recondite information which they occasionally contain. The work ends, it should be remarked, with the fifth year of Henry's reign.

In p. 80, Henry V. is spoken of as still living, and in the present tense, his alleged humility being alluded to, in declining to have his exploits extolled either in inflated prose or in ballads adapted to music; a feigned humility, Hearne (Preface, p. xxx.) seems inclined to think. It is for this reason, Elmham says—a line of reasoning, by the way, that not every one can exactly appreciate—that he has adopted a course between the two extremes of poetry and prose; giving the preference, however, to metre, and purposely veiling his meaning under a slight cloud of obscurity, "so that to the wise " and prudent, and indeed the moderately learned, it " may be lucidly revealed, though [1] borrowing from other " sources now and then; while to those of tender age " and of blind and simple-minded rusticity it will " remain concealed;" his great object being, he says, not so much to sing the praises of the King and his followers, as to ascribe the glory of his victories "to " God and to His most blessed Mother, to the Saints " George and Edward, and to all the Saints."

So far as his intention to render his meaning obscure, he has been pretty successful; though, by dint of the "*transumptiones*" which he recommends, it is possible to trace his meaning with a fair degree of accuracy in every line almost, and consequently to take a more favourable view of the work than Hearne was enabled

---

[1] This may probably be assumed to be the meaning of "*per quasdam* "*interim transumptiones*" (p. 80).

It is not improbable that the "Chaplain's Account" is here covertly alluded to.

to do, who had not the Chaplain's account at his elbow, and indeed was, not improbably, ignorant of its existence. Though a Latin prose writer of some pretensions to respectability, Elmham, if we may judge from his present performance, was wretchedly ignorant of the rules and requirements of poetical composition, and seems to have known that hexameters and pentameters are made up of a certain number of syllables, and no more, every other rule of Prosody, as well as Syntax, being outrageously violated throughout. It is no excuse to say that it is in his desire to involve his meaning in obscurity that he has been guilty of these gross and multiplied violations of all rule. Other poets, both ancient and modern, who have written Latin verse, have contrived to make their meaning very difficult to be understood; and that too, while not merely preserving the proprieties of diction, but attaining even to its elegancies as well.

In p. 81, Elmham explains the principle on which he has given the dates; not only by Rubrics at the commencement of each year of Henry's reign, but also by the insertion of a Chronogram in the commencing verse of each year: in other words, he has duly taken care that the verse should contain, embodied in its component words, certain letters which, considered as Roman numerals and taken in sequence, would denote the date already given in the Rubric. The MSS. however, that have been consulted by the Editor, omit to point out the letters forming these Chronograms; and as attention to them, to be followed by success, would of necessity entail a large[1] amount of time and labour, no attempt has been made to enter upon enquiries which, even if successful, would present no commensurate

---

[1] Hearne has attempted to unravel some of these mysteries, in his Appendix to Elmham's prose History, pp. 376, 377, and p. 426. A clue to these Chronograms is occasionally to be found in the Glossarial Notes here printed at the foot of the text.

results. For some centuries, down to the middle of
the seventeenth, if not later, this species of literary
folly was greatly in vogue, for we read of even the
great and learned Justus Lipsius, when lying on a bed
of sickness, and almost at the point of death, extem-
porizing a Chronogram, on hearing of the fall (in 1604)
of the great tower of the Church of St. Peter at Louvain.

From the use of the word ' *lustra,*' in the plural, in
p. 82, it would appear to have been Elmham's original
intention to give the history of more than five years of
Henry's reign ; an intention which, if he did entertain it,
he seems to have afterwards found reason to abandon.

The uncomplimentary terms in which (p. 82.) he
speaks of Oldcastle, are remarkable for their vehe-
mence ; and he even looks upon the bold reformer as
of sufficient importance to be identified with the " Great
Dragon" of the 12th Chapter of Revelations, v. 4., " whose
" tail drew the third part of the stars of heaven : "—
" That satellite of hell, I mean, the Heresiarch or Arch-
" Lollard, John Oldcastle, whose stench is noted to
" have ascended most horribly to the nostrils of the
" Catholics, even like that of a dunghill."

Though the meaning of his poetical *Prœmium* (pp. 93,
94,) may be pretty well divined throughout, anything
like a close translation of the greater part of it seems
impossible. *Orbs* (l. 5) appears to be a word coined
by himself to suit the metre ; and his meaning is, no
doubt, that the world now revolts at letting cruel men
usurp the highest places. The Four Great Empires of
antiquity, he proceeds to show, were based upon
usurpation and violence. From l. 30 to l. 49, the gist
of the context appears to be that it is the great and
foremost duty of a king to be, as Henry was in
reference to the Lollards, preserver and defender of
the true faith.

" *Humo Conquestoris* " (l. 52) may be taken to mean
the earthy remains or mould of the dead-and-gone William

d

the Conqueror. Supposing that Elmham is correct in declaring Henry to be the fourteenth in descent from the Conqueror, he is evidently at fault in saying that he was the fourteenth in descent from Edmund Ironside as well ; for in such case, he would be the sixteenth from Edmund, as it was from the union of the Conqueror's son with Edmund's great-grand-daughter that Henry was sprung. Line 54 seems to bear reference to the Chronogram contained in l. 47 preceding. In ll. 55, 56 reference is apparently made to the seventh child (*septena propago*) of Henry III. ; in allusion, probably, to the fact that Henry V. was descended from Henry III., not only through his paternal grandfather, John of Gaunt, but also through his mother Mary de Bohun ; who was great-great-great-grand-daughter of Henry III., through Elizabeth, daughter of Edward I. It is, however, the "*septena propago*" of Edward I., in all probability, and not of Henry, that is meant ; as Mary de Bohun was descended from the seventh daughter of that sovereign.

In ll. 59–64 allusion is made to the storm which took take place on Henry's Coronation day, 9th April 1413, and the sinister omens that had been drawn from it : corresponding passages in Redmayne and Walsingham have been remarked upon already.[1] This cold, Elmham adds, was succeeded by great heat ; and this was followed by violent rains. These floods are again alluded to in l. 82 ; extensive conflagrations—at Norwich and Tewkesbury, as we learn from the Gloss,—happening about the same time.[2]

In the Glossarial Note to l. 89 allusion is obscurely made to the murder of one Haule, in the choir of Westminster Abbey. Haule was an Esquire, who, to his own misfortune, in one of the Spanish campaigns of the

---

[1] See pp. xvii and xviii.
[2] See the allusion to Henry's mu- | nificence, probably on this occasion, *Vers. Rhythm.*, l. 104.

Black Prince, had taken prisoner the Count de Denia, and brought him over to England. John of Gaunt having tried every method of obtaining custody of the Count's person, Haule, with another Esquire named Shakel, took sanctuary at Westminster, whither the Duke followed them; and on the 11th of August 1378, in the middle of high mass, one of the Duke's retainers, Ralph de Ferrers, making his way into the choir, slew Haule on the spot, and took Shakel by force to the Tower, whence he had previously escaped.[1]

Line 104 is deserving of remark, as implying that Oldcastle was indebted to demoniacal agency for his escape from the Tower.

In l. 106 '*Lanacri luce*' is to be detected the earliest existing mention probably of the locality now so well known in the Metropolis as "Long Acre": and which may clearly be identified with the "Ficket Fields" of other writers.[2] In a recent publication, we find it stated (probably on the authority of Parton's "History of St. Giles's"), that this locality was known in the reign of Henry VIII. as "the Elms"; that it was next called the "Seven Acres," and that, when the land was first laid out for building, temp. Charles I., its name was changed to Long Acre, "from the length of the slip of ground first made a pathway." A good illustration this of the "mistake circumstantial"; for we here read that the spot was called 'Long Acre'—or rather, perhaps, 'Lang Acre'—more than 200 years before the days of Charles I.: in addition to which, we find Machin, in his [3] Diary, December 6th, 1556, speaking of a murder

---

[1] For further particulars as to this outrage, see Mr. Shirley's Preface (p. xxxv) to the '*Fasciculi Zizaniorum*,' printed in the present Series.

[2] See the account of the King's attack on the Conspirators in Redmayne's narrative, p. 23.

[3] Printed for the Camden Society.

as taking place shortly before that date "in the '*Long Acres*,' the back side of Charing Cross." The '*luce*' of Elmham (a mistake evidently for '*luco*') represents, no doubt, the dense wood with which the spot was covered in those days, the trees of which were probably the immediate predecessors of the more orderly "Elms" of the reign of Henry VIII.

The "*gurges*" of Lanacre, where Oldcastle was met by his followers on the Twelfth day, or Epiphany, 1414, with the view, it was said, of capturing or slaying the King, was probably a deep pit or spring of water that lay embosomed in this wood; and it is, perhaps, in reference to the walls that may have surrounded it, that Elmham dignifies the spot with the name of "*arx*"; as intended by the insurgents to form a temporary defence or barricade. This "*gurges*," it may fairly be presumed, is identical either with the spot known till lately as the "Queen's Bagnio" in Long Acre, or with the "Duke's Bath" situate in Old Belton-street, now Endell-street, Long Acre; the latter, perhaps, the more probable of the two.

The meaning of ll. 125. 126. is obscure, but it is probably intended to be, that to Oldcastle the old-fashioned doctrines seem worthy of condemnation, and that he takes to circulating wild novelties in his flight. The mention of the "*Fons Petrosus*" and "*Mons Nodosus*" in the Glossarial Note to the latter line, as the points between which, according to an old prophecy, the Lollards should be defeated and suffer punishment, is worthy of remark: by the [1] "*Fons Petrosus*" is probably meant the spring or pond anciently called "Baynard's Watering" (now 'Bayswater') which supplied the London

---

[1] Possibly so called from its belonging, as Baynard's Watering did, to the Abbey of St Peter at Westminster.

Conduits. If we may judge from the name, '*Mons Nodosus*' may possibly mean [1] Notting Hill, if indeed that locality does not lie too far west for the scene of action. Another suggestion is, that Hampstead (*Hempstede*) Hill may perhaps be covertly alluded to under the name of '*Mons Nodosus*' or "Hill of the Noose." Baynard's Watering, if it was connected with Tyburn Brook, as there seems fair ground to suppose it to have been, was supplied by a stream descending from Hampstead Hill.

L. 199, "*Sed gens Francorum, quibus est pro lege* "*voluntas,*" is inspired, probably, by the writer's reminiscence of the well-known line in Juvenal, where the angry mistress peremptorily exclaims to her wretched slave, "*Hoc volo, sic jubeo, sit pro ratione voluntas.*"

Ll. 223-225 embody a puerile and far-fetched set of Anagrams of the names of the three conspirators, [Henry] "Scrop, Richard York, and Thomas Graie," mixed up with a Chronogram as well. From pp. 376, 377, and 426 of Hearne's edition of Elmham's prose History, it would seem that he and his friend Anstis, Garter King-at-Arms, had devoted considerable attention to the solution of these Anagrams, very much more, in fact, than the subject is worth. As to the question mooted by Hearne, whether we are to read in l. 223, '*olentia,*' '*olencia,*' or '*oleucia,*' whichever way it is solved, as the line has clearly been made more for the sake of the Anagram than for sense, it but faintly shadows forth the meaning that Scrope, "following up the scent, "conspires, and pries about among the stinking rabble." In reference to the next line, evidently made wholly for the Anagram, and not at all for sense, "*Rumpe jugo cor avens, res dabit ulta sonum,*" there seem sufficient grounds for giving it up as hopeless. To those desirous

---

[1] This locality derives its name from the manor of "Knotting bernes," "Knutting barnes," sometimes written "Notting" or "Nutting barnes," the property of Vere, Earl of Oxford, attainted in the reign of Edward IV. See Lyson's Environs of London, Vol. 3. p. 174.

of solving these Anagrams, attention to the Glossarial
Note (*i*) is recommended.

L. 362, on examining the "Chaplain's Account" the
Editor finds to have been inaccurately punctuated in the
text ; the two commas being superfluous. Allusion is
made in this obscure passage to the fact, that the
inhabitants of Harfleur, who, as French, were really
intruders there, were hospitably treated by Henry's
troops after their surrender : " A just judgment is given
" to the enemy, so that it may be handed down to
" memory that t he pretended inhabitant of the place
" was there to be fed as a guest."

No mention is made of Hayle and John Graville
(ll. 445, 447,) in the "Chaplain's Account ;" but they are
both named by Capgrave in his Life of Henry V.
already alluded to ; the reading "Wysbeche," as the
name of the place from which Hayle had made his
escape, is given by Capgrave. L. 488, "*Cristi pila nuens
nomine ferre potest,*" may be mentioned as another
line where the sense is evidently sacrificed to the
Anagram which it is intended to embody.

The latter part of l. 638, "*litera scripta monet,*" is
probably suggested by the oft-quoted mediæval line—
the author, however, of which is now unknown—"*Vox
audita perit, litera scripta manet.*"

In l. 679, the description of the throngs of people
that flocked to view Henry's passage through the
City on his return from Agincourt, a sly hit may be
detected at the horned head-dresses worn by the great
ladies of the day, and the memory of which is still
preserved in some of the monumental effigies of the
period : " Every window there is bright with adorned
" features, would that they were without their horns !"

In l. 755. the naval victory over the French at
Sluys in Flanders, in the reign of Edward III. (A. D.
1340) is obscurely alluded to : in ll. 878, 879, the play
upon the words *mala*, evils, and *mali*, masts, must not
be overlooked.

In Chapter XVII., pp. 140, 141, allusion is evidently made to the special services performed at Canterbury Cathedral on the visit there of the Emperor Sigismund and Henry V. A literal translation of these singular lines, with their interlinear references to the Psalms and Anthems chaunted on the several days of the week, and upon which a vast amount of unprofitable labour has been evidently expended, is impossible.

The lines quoted in p. 141 as having been written by the followers of the Emperor Sigismund on his departure, after his long stay in England, show that [1] *they* at least were sufficiently well pleased with their visit here, and felt regret at leaving the good things of "happy England" behind them. This eulogy (ll. 925–8), which we learn both from the present work and from Capgrave, they took care to have multiplied by numerous copies, and dispersed in the streets and highways, though it has really nothing meritorious in it, is given *totidem verbis* by Capgrave ("*De Illustribus Henricis*," p. 120,) as well; and in his "*Chronicle of England*," *sub anno* 1416, there is to be found the following quaint narrative of this transaction :

"Sone after that, the Emperour went oute of Yng-
" lond, and in his goyng he mad his servantis for to
" throwe billis be the wey, in which was writyn
" swech sentens :—

" Farewel, with glorious victory,
" Blessid Inglond full of melody.
" Thou may be cleped of Angel nature,
" Thou servist God so with bysy cure.
" We leve with the this praising ;
" Whech we schul ever say and sing."

---

[1] Menzel in his "History of Germany," says that Sigismund was detained for a time at London as a sort of prisoner, because no shipping could be found for him, and that his journey to Canterbury was occasioned by the necessity of flying from the insolence of the London mob.

L. 1080, " *Vestivit caros coccum reparare potenter* "
seems to be wholly destitute of meaning, and the words
are brought together, to all appearance, solely for the
numeral letters which they contain, and their consequent value in a Chronogrammatic point of view.

The assertion in line 1106, that Oldcastle declared
himself to be the Prophet Elijah, is to be found in other
works as well, Capgrave's account (*De Illustr. Henr.*)
among the number. The statement, however, in the
next line that "King Richard is said to be Enoch,"
must be construed, it is pretty evident, in an ironical
sense, and, as bearing reference to the fact that
Thomas de Trumpyngton was suborned by the Duke of
Albany, with the connivance of Oldcastle, it was alleged,
to represent himself as the veritable King Richard II.,
who had died in prison nearly twenty years before.

The arguments from Scripture (ll. 1160–1184) in
support of Henry's absurd claims to the French crown
are curious, and not improbably represent some of those
that were put forth by the learned canonists and
civilians of the day. The great fact, however, is wholly
ignored, that Henry was not the legal representative of
Edward III., to say nothing of the unsubstantiality of
Edward's own claims to the throne of France.

The account of the charges made against Oldcastle,
in p. 157, is evidently derived from the same source as
that given by Capgrave (*De Illustr. Henr.*) ; if, indeed,
Capgrave was not indebted for his narrative to the present work. They both relate, and in the same sequence,
how that Oldcastle was accused of refusing to pray to the
Virgin and the Saints ; of asserting that confession to [1] God
alone is sufficient, without the intercession of man ;
of denying Transubstantiation ; of advocating such doctrines as would receive the name of "Communism" at the
present day ; and of considering churches as so many

---

[1] *Deo* is probably the correct reading for *die* in l. 1216.

abominations. The account too of Oldcastle's capture at Poole, and his execution in London, is in some respects similar to that furnished by Capgrave ; though it is much more circumstantial in the present work, and, in consequence of that diffuseness, the most valuable portion perhaps of the book. Capgrave agrees also with the Glossographer (P..158.) whoever he may have been, in stating that when Oldcastle was struggling with his assailants, upon his arrest at Poole, he was felled to the ground by a woman striking him on the leg with a stool; that, as he declared himself to be Elijah, so, like Elijah, he had his chariot, a [1] wooden cart, in which he was conveyed to London from Poole, and that like Elijah he passed away from earth by fire. As to Oldcastle's alleged assertion (ll. 1270, 1,) when at the stake, that he would rise again in three days, it is more than probable that this was a mere fiction, invented by his enemies to cast discredit on his memory.

The marvellous story (ll. 1282, 3, and Gloss.) that the Lollards were in the habit of receiving the Devil in the shape of a fly, was a slander based probably in the main upon the name given to the Devil in the New Testament, " *Baal Zeboul*," the " god of flies." The meaning in l. 1285 is by no means so clear, but it seems distantly to impute to the Lollards some magical practice of swallowing candles of divers colours, that they may "savour of the old man,"—" *sapiant avo.*"

The adaptation, at the conclusion of the work, of the *Te Deum* of St. Ambrose to the praises of the Virgin, was deemed sufficiently curious by Thomas Hearne to deserve transcription into his Note-Book ; whence it has been recently extracted by the late Dr. Bliss in his

---

[1] It was considered the highest disgrace in those days, and a slur upon knighthood, to be seen riding in a cart ; these vehicles being almost invariably used for conveying criminals to execution.

"*Reliquiæ Hearnianæ*," Vol. I. As literary curiosities, by way of parallel, two more adaptations or parodies of a similar nature are annexed to these introductory pages ; the first the composition of St. Bonaventura, in the thirteenth century ; the second, compiled by John Bracy, Abbot of Michelney in Somerset, at probably a later period.

In conclusion, the Editor gladly avails himself of this opportunity, of thanking his friend, Mr. Henry T. Riley, for numerous valuable suggestions while these sheets were passing through the press.

Public Record Office,
11 November 1858.

Adaptation of the TE DEUM *to the praise of the Virgin Mary ; by St. Bonaventura, in the thirteenth century.*

[See pp. lvii, lviii, and p. 164.]

Te Matrem Dei laudamus, te Mariam Virginem confidemur.

Te æterni Patris sponsam, omnis terra veneratur.

Tibi omnes Angeli et Archangeli, tibi omnes principatus humiliter serviunt.

Tibi omnes potestates et supernæ virtutes, tibi cœlorum universæ dominationes, obediunt.

Tibi omnes throni, tibi Cherubim et Seraphim exultanter assistunt.

Tibi omnes angelicæ creaturæ delectabili voce conclamant,

Sancta—Sancta—Sancta Maria, Dei Mater et Virgo.

Pleni sunt cœli, et terra, et mare majestatis et gloriæ fructus ventris tui.

Te gloriosus Apostolorum chorus Creatoris Matrem collaudat.

Te Prophetarum laudabilis numerus Virginem Deum parituram prædixerat.

Te Martyrum beatorum candidus exercitus Christi Genitricem glorificat.

Te gloriosus Confessorum cœtus totius Trinitatis Matrem appellat.

Te Sanctarum Virginum amabilis chorea suæ virginitatis et humilitatis exemplum prædicat.

Te tota cœlestis curia cœlorum Reginam honorat.

Te, per universum orbem, Sancta Ecclesia invocando celebrat,

Matrem divinæ majestatis,

Venerandam te veram, Regis cœlestis puerperam,

Sanctam quoque, dulcem, et piam proclamat.

Tu Angelorum Domina.

Tu Paradisi janua.

Tu scala regni cœlestis.

Tu Regis gloriæ thalamus.

Tu arca pietatis et gratiæ.

Tu Mater misericordiæ.

Tu refugium peccatoris.

Tu es Mater Salvatoris.

Tu ad liberandum exulem hominem Filium Dei suscepisti in uterum.

Per te expugnato hoste antiquo, sunt aperta fidelibus regna cœlorum.

Tu cum Filio tuo sedes in Gloria Dei Patris.

Tu ipsum pro nobis exora, quem ad judicandum credimus esse venturum.

Te ergo quæsumus tuis famulis subveni, precioso sanguine Filii tui sumus redempti.

Æterna fac nos, Virgo Maria, cum Sanctis omnibus gloria numerari.

Salva nos, populum tuum, Domina, ut simus participes hæreditatis tuæ,

Et rege nos, et extolle nos usque in æternum.

Per singulos dies, o pia, te salutamus,

Et laudare te cupimus in æternum devota mente et voce.

Dignare, dulcis Maria, nunc et semper sine delicto nos conservare.

Miserere nostri, Domina, miserere nostri.

Fiat misericordia tua, Domina, super nos, quemadmodum speravimus in te.

In te, dulcis Maria, speramus, ut nos defendas in æternum.

From the " Hortulus Animœ " published by
Schöffers, Moguntiœ, 1516.

Adaptation of the TE DEUM *to the praise of the Virgin Mary. From an ancient MS. formerly belonging to the Abbey of St. Mary at Glastonbury, and now in the possession of the Marquis of Aylesbury.*

[See pp. lvii, lviii, and p. 164.]

Te Matrem laudamus, te Dominam confitemur.
Te æterni Patris, stella maris, splendor illuminat.
Tibi omnes Angeli, tibi cœli et universæ potestates,
Tibi Cherubim et Seraphim humili voce procla·
    mant,
Ave, ave, ave, Domina, Virgo Maria.
Pleni sunt cœli et terra majestatis Filii tui.
Te gloriosam Apostoli prædicant.
Te gratiosam Prophetæ pronuntiant.
Te pretiosam Martyres floribus circumdant.
Te per orbem terrarum Sancta confitetur Ecclesia,
Matrem immensæ majestatis,
Venerandam Dei sponsam, maritique nesciam,
Sanctam quoque, solam gravidam Spiritu.
Tu Regina es cœli.
Tu Domina es totius mundi.
Tu ad liberandum hominem perditum carne vestisti
    altissimum Filium.
Tu vincendo mortis aculeum pertulisti clarissimo
    vitam ex utero.
Tu ad dextram Nati sedes dignitate Matris,
Judex qui creditur esse venturus.
Te ergo quæsumus, tuis famulis subveni, pretioso
    tui ventris germine redemptis.
Æterna fac cum Sanctis tuis gloria numerari.
Salvum fac populum tuum, Domina, per te factum
    hæredem de vita.
Et rege eos, et extolle eos usque in æternum.
Per singulos dies benedicimus te,
Et laudamus nomen tecum Altissimi, qui te fecit
    altissimam.

Dignare, Domina laude dignissima, a nobis indignis
 laudari.

Miserere nostri, Domina, Mater misericordiæ.

Fiat misericordia Filii tui, Dominia, super nos
 ope tua, qui clamamus illi,

In te, Domine, speravi ; non confundar in æternum.

 Explicit T<small>E</small> D<small>EUM</small>, *ex conversione Venerabilis
 Dompni, Johannis Bracy, Mochelniæ Abbatis, in
 honorem Sanctæ Mariæ.*

GLOSSARY.

GLOSSARY.

The numbers bear reference to the Page where the word occurs.

A.

ALLECTIVA, 151. Allurements.

ALMIPHONUS, 129. Blandly sounding.

ALVEOLUS, 107. Probably a small lock or sluice-gate. It is found also in the "Chaplain's Account," from which this description of Harfleur is taken, almost verbatim. *See* p. 16 of Mr. Williams's Edition of "Henrici Quinti, Regis Angliæ, Gesta."

AMBASSIATOR, 84. An ambassador.

AMBASSIO, 104. To represent as ambassador. But in p. 135 it means, to send on an embassy.

AMPHIBOLOGIA, 146. Tortuous language.

ANTILOPUS, 125. An antelope, probably considered as an heraldic supporter.

ANTYLOPUS, 38. *See* p. xx of the Preface.

APTO, *classic*, 110. To contrive.

ARCHILATRO, 67. A captain of robbers.

ARCHIMANDRITA, 17. An abbot. A title borrowed from the Greek Church, where it means the Head of a Monastery.

AVENS, 105. Properly means 'rejoicing'; but here it does not seem to have any definite or intelligible meaning attached to it.

B.

BALISTA, 107. A cross-bow or arbalest.

BALLO, 107. To move. *See* the Glossarial Note to l. 271.

BOMBARDUS, 110. A cannon or gun.

BRUNUS, 66. Brown.

C.

CALCETUM, 115. A causeway.

CAPELLA, 161. The furniture of a chapel. *See* Hudson Turner's "Domestic Architecture of the 13th century," p. 4.

CAPITANEUS, 110. A captain.

CARACA, 134. A carack or large merchant-ship.

CEDDÆ LUX, 161. St. Chad's Day. March 2.

CEDULA, 141. A corruption of *Schedula*. A bill or written paper.

CELLULA, 66. A pew or closet.

CHRISMA, 98. Chrism. The Glossarial Note to l. 110 says that it is the Church, probably, as springing from Christ.

CHRISTUS, 94, adj. Anointed.

CŒLICUS, 70. Heavenly.

COLLECTA, 141. A Collect.

COMPLEMENTUM, 141. Complins, the last of the canonical horæ for Common Prayer; from 7 to 9 in the evening.

CONDUCTUS, 126. A Conduit.

CONJUBILO, 129. To rejoice together.

CONQUESTOR, 95, or perhaps more properly, CONQUÆSTOR, the Conqueror, William I.

CORNU, 128. The horn of a woman's dress.

D.

DALPHINUS. *See* DOLPHINUS.

DEEP, 130. Dieppe; so called, it is said, from the depth of the water there.

DOLPHINUS, 24, 47. DALPHINUS, 101. *et passim.* A corrupt form of DELPHINUS, the Dauphin of France.

F.

FAMEN, 151. A report.

FASCICULI, 109. Fascines.

FERIA, 109. A day of the week.

FERRI-LATUS, 95. Ironside, a surname of Edmund, son of Ethelred II., and elder brother of Edward the Confessor.

FLUVIUS GLADIORUM. *See* SWERDYS.

FONS PETROSUS, 90. *See* Preface, page lii.

FORTALITIUM, 110, 111. A fortress.

FRANCIGENA, 115. A Frenchman; *i.e.* Franc-born.

G.

GARTERII SODALES, 40. Knights Companions of the Garter.

GROSSUS, 93. Large.

GUERRA, 104. War; a Latinized form of the Norman *guerre.*

H.

HÆRESIARCHA, 164. The founder or leader of a heresy.

HAMONIS PORTUS, 136. The port of Hamo, Southampton.

HARALDUS, 85, 113. A herald.

HOGGES, 90, 149. Cape la Hogue.

HULCA, 139. A hulk; meaning here, probably, a small merchant-ship.

I. J.

INDUPERATOR, 132. *et passim.* An Emperor; applied to the Emperor Sigismund.

IR, 116. According to the Glossarial Note to l. 424, this means 'the hand' or 'hands,' but in what language the Annotator has omitted to say. Qu. from the Greek χείρ.

JACOBITA, 132. A Jacobite or Dominican Friar. These Friars were so called, from their inhabiting a Hospital at Paris which had formerly belonged to the pilgrims of St. James (*Jacobus*) of Compostella, in Spain.

JUGUM, 105. The letter ȝ or '300,' the sound of which in composition seems to have been mostly that of our present *y*, and sometimes of *z*.

K.

KIDCAUS, 106. An Anglicised form of Chef de Caux, the 'headland of Chalk,' the spot near Harfleur where Henry V. landed on his first French expedition.

KYDECAUS. *See* KIDCAUS.

L.

LAMHETH, 133. Lambeth.

LANACRUM, 97, 98. Lang Acre; the present Long Acre.

LAPILLUS, 110. A cannon ball, probably of stone.

LAPIS, 110. *See* 'Lapillus.'

LEONINUS, 66. Like a lion.

LIBRILLUS, 107. A gun. *See* the Glossarial Note to l. 271.

LUCEUS, 125. Scarlet.

M.

MANSUM, 67. A house. 102. A mansion-house.

MARASCALLUS, 28. A variation of 'Marescallus,' which see.

MARCHIO, 30. A marquis, a lord of the Marches.

MARESCALLUS, 123. A marshal.

MEMBRANÆ, 151. Parchment writings.

METROPOLIS, 124. The Mother City. Canterbury is so called, probably in a spiritual point of view.

MIL., 95. A thousand. (A word coined for the occasion.)

MONS NODOSUS, 90. *See* Preface, page liii.

N.

NEMBROTH, 93. Nimrod.

O.

OBLATUM, 127. A small cake of bread, here so called.

ORBS, 93. The world. (A word coined for the occasion.)

P.

PAUSA, 71. A pause or interruption.

PIR, 116. According to the Glossarial Note to l. 424, this means 'fire.' Qy. if intended for the Greek πῦρ?

PLASMATOR, 158. A maker. *See* Job xl. 19.

PLESANT MAREYS, 100. Pleasant Marsh. The name of the "Plesaunce" a spot at Kenilworth, which Henry V., while residing there, seems to have brought into cultivation.

PNEUMA, 126. May mean here either the air acting upon the organ, or the tune played ; the latter, most probably.

POLUS, 162. The kingdom of heaven.

POLYMITA, 126. Adj. Tapestried. This word occurs in Martial and the elder Pliny, but as a noun substantive.

PORTULA, 107. A little gate.

PRÆRADIANDO, 128. Apparently intended for an adjective, meaning 'lustrous in the extreme.'

PRÆSUL, 103. A bishop.

PROSPECTUS, 142. A scout.

PULVERE VASA, 108. Barrels of gunpowder.

PURIFICANS, 142. Used as signifying the feast of the Purification of the Virgin Mary, Feb. 2.

PYXIS, 116. A box ; in this instance, the box in which the holy wafer is kept.

Q.

QUINDENA, 133. A quinzaine, or space of fifteen days.

QUINDENA PASCHÆ, 133. According to the French chronologists, this included the week before Easter Sunday and the week after it ; but according to other authorities, the second Sunday *after* Easter Sunday was included in the Quinzaine of Easter.

R.

RESCURSUS, 112. Rescue, succour.

RHEUMA, 107. A tide or flowing.

S.

SALPHATH. 154. Zelophehad. *See* Numbers xxvii. 7.

SAPPHIRICUS, 128. Green, like a sapphire.

SERTIS, 37. Perhaps from 'Sertum,' meaning a quarter of a town or district.

SLUS, 131. Sluys in Flanders, memorable for the naval victory gained there by Edward III. over the French, in 1340.

SOLDURI, 20. Sworn companions in arms : hence probably our word "soldier," though it is also said that the word is derived from 'solidus,' a shilling, in reference to the soldier fighting for pay.

STEMMA, 142. A line or pedigree.

STIGMATA, 110, *classic.* Assaults, pounding.

SUMPTA MARIA, 106, 139. The author's way of expressing the Assumption of the Virgin Mary, August 14th.

SWERDYS, 118. The English name of the river Ternoise, 'the River of Swords,' in the Province of Artois.

SYLLABICO, 161, 166. To form into syllables.

T.

TABULÆ CONJUNCTÆ, 144. The joined planks, meaning, the act of boarding.

TABULATA VIS, 109. It seems to mean a facing of planks or boards.

TERDECAS, 122. Thirty, thrice-ten.

THEOTOCOS, 164, 166. Bearing God. Applied to the Virgin Mary.

TRUFFA, 103. A trifle.

TURBUNDUS, 110. Alarmed, scared.

U.

VETUS CASTRUM (*passim*). Old-castle ; a literal translation of his name.

W.

WALLIGENA, 64. A native of Wales.

WESTENSIS, 70, 72, 73. Of Westminster.

HENRICI QUINTI

ILLUSTRISSIMI ANGLORUM REGIS

HISTORIA,

ROBERTO REDMANNO AUCTORE.

" HISTORIA TESTIS TEMPORUM, LUX VERITATIS, VITA MEMORIÆ, ET MAGISTRA VITÆ."—*Cicero.*

DEDICATIO.

Honoratissimo et illustrissimo domino Hastingo, Huntingtoniæ comiti, domino suo optimo, Robertus Redmannus εὐπράττειν.——

Intuenti mihi in præstantissimos homines summis ingeniis præditos, qui, a forensi strepitu et republica remoti, cum ad cæteras res illustres tum ad scribendam historiam maxime se applicaverunt, magnum opus et perdifficile videbatur mandare literis, quæ majores nostri præclare in bello et ad posteritatis memoriam gloriose administrassent. Nemo fere his temporibus reperiatur, cui externa monumenta, licet alienissima, non majorem voluptatem quam res gestæ majorum afferant. Quorum prudentiam desiderare aut consilium reprehendere non audeo, ne gravius quicquam in nostros duces ac imperatores statuant, qui mihi, vetera eruditorum scripta volutanti, videntur in nullo genere laudis nationibus exteris fuisse inferiores. Est honestissima otii oblectatio, illustrissime domine, cum animus a judiciorum strepitu et negotiis civium gerendis conquiescit, totum antiquitatis iter legendo peragrare. Turpe est, nec in patricio ferendum, cum in procuratione civium versetur, ætatem patriæ, descriptiones temporum, sedem regionum et locorum, domesticam ac bellicam disciplinam, quam nostri homines optime tenuerunt, ignorare. Nunquam eos in laude positos accepimus, qui in sua patria, tanquam in aliena urbe et civitate peregrinantes, errarunt.

Profuisse multum Romanis Varro a Cicerone dicitur, qui, cum esset et rerum copia et sententiarum varietate, ac ipsa collocatione verborum non impolitus, ad scribendum se contulit, studioque suo effecit, ne Romani diutius errantes patriæ suæ instituta et majorum res gestas ignorarent. Illius libri Romanos domum deduxerunt, ut possent aliquando, qui, et ubi essent, agnoscere. Majus hoc et difficilius est, honoratissime domine, quam ipse audeo profiteri; nec id unquam oratione suscipiam, cujus magnitudo, ac incredibilis quædam difficultas, homines longe eruditissimos deterruit. Est summi oratoris munus flumine orationis et varietate maximarum veteris antiquitatis memoriam replicare, et de uniuscujusque vita ac natura disputare, ut nihil non explicatum satis judicetur. Multa vetustatis nuntia et testis temporum historia suppeditet, quæ et varietate sua delectent ac mœstitiam multorum animis inferant. Nemo forti et præclaro animo rempublicam unquam adiit, nec ex illius administratione laudem et famam est consecutus, qui majorum instituta, ac si ludicra essent et inepta, contemneret.

Vereor tamen, nobilissime comes, an perinde hoc intelligi possit ac ipse cogitans sentio. Nollem e nobilibus quemquam oratione mea offendi, ac si laudem aliquam illis præriperem, vel nostrorum hominum inertiam condemnarem, cum satis otii et temporis ad

vetera recolenda non conferant. Præclare cum nostra
republica agitur, quod in eam ætatem incidimus, quæ
præstantissimos viros pene innumerabiles produxit, et
conjunctio illa potestatis ac sapientiæ, quam Plato censuit saluti civitatibus futuram, nostræ Angliæ contigit;
cum in ea summam potestatem habeant, qui in doctrina, in virtute atque humanitate percipienda, pluri-
mum studii et temporis posuerunt.

Ad nimiam assentationem eruditus, honoratissime
comes, plerisque viderer, si virtutes tuas, quarum multa
documenta dederis, oratione exornarem. Nulla tanta
dicendi aut scribendi vis, quæ tuas laudes enarrare
possit. Te nihil vulgare unquam delectavit, cujus curæ
et cogitationes evigilarunt, ne opinionum inanitas veræ
pietatis cultum deleret, aut improborum scelus rempublicam, in cujus administratione præclare te gesseris,
dissiparet. Impius essem, si apud me grati animi
fidelis memoria non valeret, cum divina tua benefi-
centia, ac singularis quædam nec unquam laudata satis
benevolentia, tanta promerita in patrem meum contu-
lerit; quem multis negotiis præfecisti, dum in septentrionali regionis parte gubernacula tractares, et communione sanguinis mihi conjunctissimos per te ampliores
esse voluisti. Hoc humanitatis tuæ fuit, consulere eorum
commodis et utilitati, salutique communi servire.

Non complectar oratione, quam facillimi essent aditus
ad te, cujus aures querelis omnium patuerunt; nullius
inopia ac solitudo domo tua et cubiculo unquam
excludebatur; omnia, cum præfecturam gereres, plena
mansuetudinis, clementiæ, et humanitatis. Major est
in te dignitas, quam ut concisa dictione a me explicari
possit; et vereor ne de ea nonnihil detractum a multis,
quibus notissima sit, judicetur, dum eam augere, et

amplificare voluerim. Cum mihi in mentem veniret senescentem prope Henrici quinti Anglorum regis laudem ab oblivione hominum atque a silentio scriptis vindicare, tu occurrebas, ex magna nobilium multitudine hoc munere dignissimus; cujus majores principi nostro bellum in Gallia gerenti præclaram operam et fidem præstiterunt. Quos de gradu et invicta animi magnitudine nullæ procellæ aut tempestates, quæ in ardore certaminis et belli multæ ac variæ erant, unquam potuerunt dejicere. Quanta pericula susceperunt, quoties in discrimen pro patria salutem obtulerunt et de capite dimicarunt, veterum historiæ docent.

Multa bella Henricus armatis militibus, invicto exercitu, et incredibili animi robore in Gallia confecit. Galli a nostris sæpe victi et fusi erant; tanta fuit et tam incredibilis in Henrico rege animi magnitudo, ut facile in contentionem veniret cum antiquis Romanorum ducibus, quorum fama posteritatis memoria celebratur. Ille per summam injuriam inique a Gallis retenta armis recuperavit, et homines nimium sibi præfidentes ac secundis rebus elatos repressit. Docuit quid esset fortes viros ad arma vocare et ad bellum suscipiendum impellere. Ita faciles exitus multa Henrici prælia habuerunt, ut quod in ore Cæsari nonnunquam esset, VENI, VIDI, VICI, id crebris sermonibus Anglorum princeps usurparet.

Si cogitationes tuas ad præclara nostrorum procerum facinora quæ in Gallia effecerunt, historia carum rerum prius non explicata, traducerem, mihi parum consuluisse viderer, qui susceperim, concisa et angusta oratione, nostrorum hominum res gestas in Gallia illigare. Tuum est, honoratissime domine, quid mihi animi sit, in hoc novo et inusitato scriptionis genere, ad teipsum referre. Tua præstans et singularis natura summam alacritatem mihi affert, et bene sperare jubet, nec imperitorum reprehensiones pertimescere, qui malevolentia et obtrectatione rectissima quæquæ solent depravare.

Si tua dignitas, et dominatio, præsidium mihi denunciaverit, quid homines imperiti, intelligentiam in inscitia ac optimarum rerum ignoratione ponentes, de nostro opere et consilio judicaverint, non multum laborabo. Quæ inchoata ac rudia, non perfecta, nec elaborata satis, mihi exciderunt, tuæ humanitatis erit defendere, et quæ non optima crunt, rerum obscuritati potius quam voluntati mcæ attribuere. Recondita nec explicata satis multarum rerum natura me sæpe a lectione rejecit ; et addubitare fecit præstantium virorum dissensio, in quorum scripta inciderim, quid literis maxime illustrarem. Non committam, honoratissime comes, si ista tibi non injucunda fuerint, sed aspectu et oculis tuis digna videbuntur, ut ulla vetustas oblivione præclaras tuas virtutes obscuret. Deus optimus maximus dominationem tuam diu reipublicæ conservet incolumem.

Honoris et dignitatis tuæ studiosissimus,

ROBERTUS REDMAYNE.

HENRICI QUINTI

ILLUSTRISSIMI ANGLORUM REGIS

HISTORIA.

FRUSTRA omnis sermo institueretur, et inanis esset Introduc-
labor, si genere orationis accuratiore discendi cupidis tory re-
marks.
enarrarem, quæ invictissimo principi acciderunt ante- A.D. 1413.
quam principatum in Anglos suos obtinuerat ; nec
vero ea, quæ re ac factis ineunte adolescentia præstiterit,
explicabo ; et leviter percurram singula, quæ, confirmata
ætate, cum is se corroborasset ac vir inter viros esset,
ad civium incolumitatem singulari consilio ac alta quadam mente procuraverit.

Multa primis annis futuræ virtutis documenta dedit, Promise of
ex quibus conjectura fieret præpotentem Deum, rebus good qua-
lities in
humanis consulentem, Anglorum regno cum præpo- the king.
suisse. Infinita occurrunt rerum testimonia, quæ facile
docent, quam multa maximarum virtutum non adum-
brata sed expressa signa habuit. Erant apud illum
industriæ stimuli ac laboris ; vigebant studia rei militaris, singularis et divina in miseros duriore fortuna
oppressos clementia ; omnium oculos perstrinxit inaudita
quædam propagandæ religionis cupiditas, mansuetudo
inusitata, sapientia incredibilis ; et in summa potestate
rerum omnium modus in Henrico principe apparuit ;

A.D. 1413. ut, quod difficillimum non tam multitudini imperitæ
quam doctis et sapientibus videatur, seipsum sæpius
quam alios superavit; vero ut liceat, non cum summis
viris Henricum comparare, sed Divinæ naturæ similli-
mum indicare.

Quid enim ad nominis famam præstantius, aut ad
illustrem dignitatem, et plane heroicam, augendam di-
vinius (qualem in illis principibus excellentiam fuisse
primis temporibus accepimus, de quibus historiæ veterum doctorumque poemata loquuntur) ex omni memoria
quisquam sumere potest, quam talem principem rebus
gerendis præfuisse, divino quodam afflatu? qui gentes
immanitate barbaras, multitudine innumerabiles, locis
infinitas, omni copiarum genere abundantes, non tam
domare, ferro et viribus debilitare, ac frangere potuit,
quam ea ratione superare, quæ a præclarissimis negotiis
administrandis sæpissime avocarent. Animum vincere,
iracundiam cohibere, victoriam temperare, quæ, ut Cice-
roni placet, natura insolens est et superba; clementer,
moderate, sapienter omnia administrare, labes denique
omnes repellere, divina quædam laus omnium literis
ac linguis celebranda.

Quantum Henricus princeps in omni virtutis genere
profecerit, rerum explicatio, quam, sine ullo dictionis
apparatu, jejuna verborum concertatione discendi studio
flagrantibus proponam, facile docebit. Elaborabo ne
quid desideretur, non evolutum satis, quod aliquibus
nonnihil dubitationis afferat. Non suscipiam id, oratione
mea ut ea universa explicem, quæ nostri scriptores
attigerunt. Placet e fontibus corum indicio ea haurire,
quæ vel regis nobilissimi dignitatem amplificent, vel
errantem in viam revocent et itinera demonstrent in
quibus sine prolapsione insistam. Henrici regis prudentiam, quæ mihi ante oculos obversatur, non sine ad-
miratione quadam suspicere, et singulari benevolentia
eximias illius virtutes recolere, possum. Postquam imperium, publico consensu delatum, arripuisset, et con-

sentiente procerum ac nobilium voce rex esset desig- A.D. 1413.
natus, morum commutationem fecit. Regium esse non
duxit, quibus artibus se prima ætate imbuerat, eisdem
oblectari cum in Anglos imperium obtinuisset.

Fecit idcirco Henricus, quod Themistocles a Græcis The king's
scriptoribus Athenis factitasse dicitur, postquam rem- youthful in-
discretions
publicam adiisset. Noluit se voluptatibus obstrictum atoned for.
teneri, quibus si 'se tradidisset, rempublicam opibus
florentem non reliquisset. Turpe et flagitiosum illi videbatur, ac a dignitate regia valde alienum, firmata
jam ætate, cum civium gubernationi et imperio præ-
ficeretur, ad inanes adolescentiæ cupiditates et studia
delectationis aliquid temporis tribuere. Dissuebat cum
illis amicitiam, quibuscum adolescens familiariter vixerat;
facile id prospiciebat, multa detrimenta hominum non
proborum consilio et adolescentium temeritate accidisse.
Repulit ab omni aditu, congressione, et familiaritate
sua id genus hominum, quorum consuetudo infamiam ei
conflasset. Pertimuit ne optimorum animos sensusque
vulneraret, si illis se oblectaret, quorum opera esset
effectum ut multa sæpe committeret quæ ad infamiam
nominis hærerent. Senatu movebatur, nec in curiam His insult
aditus ei patebat; et illius fama hæsit ad metas, quod to the chief
justice, and
summum judicem, litibus dirimendis et causarum cog- consequent
nitionibus præpositum, manu percuteret, cum ·is unum disgrace,
alluded to.
in custodiam tradidisset ex cujus familiaritate volup-
tatem mirificam Henricus perciperet. Eam dignitatem,
quam is amisit, Thomas illius frater, dux Clarensis, est
consecutus.

Adolescentiæ cupiditates deferbuerunt, postquam in
regno esset constitutus; nec unquam deliciæ ullæ aut
voluptates cum occupatum impeditumque tenuerunt.
Elaboravit omni contentione animi et studio quodam
incredibili, ne minimum aliquod erratum cum laude
regia conjungeretur, aut ad suspicionem sceleris prius
commissi quicquam resideret. Cum ea naturæ blandi-
menta, quæ ratione antea non perspexerat, satietate

A.D. 1413.

quadam Henricus abjecisset, et experiendo contempsisset, selegit præstantissimos totius reipublicæ viros, tanquam lumina ipsius regni, in cujus procuratione jam consti-

IIis prudent measures on his accession to the crown.

tueretur. Voluit in amplissimum consilium non hebetes aut inertes, qui nihil ingenio aut prudentia rerum optimarum valerent, deligi. In summum ordinem industriæ, virtuti, ac prudentiæ gravissimorum hominum aditum patere, honestum duxit. Nihil utilius ci videbatur, quam in regni societatem id genus hominum vocare, et ad consilium de rebus singulis admittere, quorum prudentia tectior ipse esset et munitior, quoties novus aliquis motus in republica concitaretur. Bene quidem de universis rebus sperandum fuit, cum ista futuræ administrationis fundamenta jacta et prudenter posita essent.

Crowned 9th April.

Quantæ tempestates et procellæ oboriebantur eo die cum rex diceretur et corona caput cingeretur, nemo est qui ignorat. Varia de sæva illa tempestate hominum tunc judicia fuerunt ; nec dico quæ voces emittebantur a turba et multitudine, quæ ad regiam coronationem confluxerat. Præsensiones ac prædictiones diversæ fuerunt et dissentientes ; sed principia parum quieta, nec pacata satis, mites exitus consequebantur. Constituta republica, quæ e re communi et cum subditorum utilitate conjuncta putavit, ea celeriter suscipienda et procuranda princeps existimavit. Cum omnes ordines frequentes in unum confluxissent, ne ulla officii aut muneris regii intermissio esset, attulit orationem plane regiam, verborum expolitione distinctam, sententiarumque varietate aspersam ; cujus exædificatio, in optimis verbis et rebus posita, quid a singulis respublica, quid ipse ab universis postularet, summa cum auditorum jucunditate et approbatione patefecit. Placuit nobilissimo principi mitius agere cum suis subditis, quos imperio coerceret ; et cogitata mentis dicendo aperire, ne querela nonnullorum illius aures feriret, si supplicia prius constituerentur in aliquos, qui non admoniti in ea inciderent, quæ princeps

clementissimus non comprobasset. Is igitur cum mul- A.D. 1413.
titudine procerum, nobilium, et omnium ordinum ita
egit.—

"Intuenti mihi in summos principes quibus se res- His ad-
publica commiserit, et amplissimos viros qui oblata dress reca-
pitulating
civium consensu imperia recusarunt, nihil unquam dif- the duties
ficilius videbatur quam ita se instituere, ne quid com- of a Ruler.
mittat quod populi odia concitet aut multitudinis
animos offendat. Neque enim illius dominatu prospere et feliciter teneri possunt omnia, qui cogitationes
suas in res leves, quarum memoria brevis futura sit,
abjecerit. Præclare quidem faciunt, qui voluptati bellum indicunt, postquam dominationem sunt consecuti.
Repellendi a gubernaculis civium, quibus cupiditas
rerum inanium placet, ac Sardanapali mores et vitæ
instituta sequuntur. Principes illi, quorum vita literarum memoria celebratur, nunquam a civium guber-
natione refugerunt, quia parum jucunda aut insuavis
illa vita esset quæ in negotiis publicis consumitur; sed
quod ea esset regni conditio et imperii ratio, ut ex
eo sequerentur infinitæ molestiæ, anxietates, et curæ,
quæ animum conficerent. Quam difficile sit præesse,
eruditorum monumenta declarant. Seponenda universa
quæ prius placuerunt; de regni negotiis cogitandum;
vigilandum, sudandum, ne quid rempublicam dissipet.
Perferendæ sunt rerum multarum molestiæ, suscipiendæ
curæ, ne quid subditis desit, quod vel ad usus vitæ vel
ad pompam et splendorem sit necessarium.

"Verum ista universa melius est e scriptis eruditorum
peti quam oratione mea enarrari. Mihi fuit propositum,
quid a vobis universis factitari vellem, quæque ad reipublicæ incolumitatem spectarent, dictione complecti.
Cum præpotens illa natura, Deus optimus maximus,
cujus nutu et imperio omnia gubernantur, me vobis
præfecerit, graviter in naturam divinam peccarem, si
omnis cautio non adjungeretur, ne opinionum inanitas
religionis sanctitatem inficeret, divinum cultum homi-

A.D. 1413. num non proborum commenta delerent, aut rempublicam perditorum scelus everteret.

" Electi sunt sanctissimi sacerdotes, quos vitæ innocentia, et morum integritas, commendavit. Non desunt viri prudentes, qui lites dirimant et controversa civium jura disceptent, ne quid in nostra republica turpiter administretur. Sacerdotibus et verbi ministris pro imperio præcipimus, ne unquam officio vacent; sed divini eloquii mysteria enuntient, provideant diligenter ne turpiter in vita peccent, cohibeant appetitiones animi nimias, sint continentes, habeantur sancti, et aliis vitæ legem præscribant. Judices et advocati tenuiores defeudant, injurias eis illatas propulsent, æquitatem universis decernant, neve, quod plerumque fieri solet, inani spe jura postulantes producant, aut bene de negotiis suis sperare jubeant, cum perspexerint juris rationem id illis denegare quod obtinere expetunt.

" Infimos, qui e multis sunt, admonitos volo, ne concubitus promiscuos consectentur, neve falsa testimonia præbeant; ex animi sententia jurent, quoties necessitas postulaverit; pejerare, aut, Deo teste, falsum aliquid affirmare, mortis instar putent. Enitantur ita se in omni officio gerere, ne eam opinionem animo conceptam tenere videantur, Deum aut res humanas non curare, aut ea misericordia extitisse, ut precibus delinquentium magis flecti soleat quam improbitate corum commoveri. Deum precibus colant universi, principi obtemperent, si feliciter conficere vitæ cursum concupiscant. Polliceor et spondeo vestræ salutis et incolumitatis maximam curam me habiturum, neve unquam commissurum ut gravius quicquam statuatur, nisi me de clementia et animi lenitate perditorum scelus ad severitatem deduxerit."

Postquam rex ita perorasset, lætari omnes cœperunt, et gratias Deo ingentes agere, quod in talem principem incidissent. Excubias, custodias, laterum et corporum oppositus pro vita ac regis salute pollicentur. Cum

quassata superioribus temporibus respublica multa or- A.D. 1413.
namenta dignitatis et praesidia firmitatis suae perdidisset, princeps decrevit omnia, quae delapsa fluxissent, severis legibus vincire. Quamprimum ergo omnium ordinum conventus maximi ex omni parte regionis convocantur, indicta sunt comitia summa, leges promulgantur, quibus ab internecione conservetur respublica et sine periculo omnia in regno administrentur.

His peractis, non est passus nobilissimus princeps His father's burial at Canterbury. parentis intermortui corpus, laudatione, pompa, exequiis, imaginibus spoliatum, sepulturae honore carere. Placuit regi justa solvere et parentalia in Cantuariensi ecclesia facere, ac clarissimi patris, qui summam fatalem jam confecerat, cadaver praesentia sua, quod pietatis argumentum fuit, cohonestare.

Cum regi omnia fere ex animi sententia succederent, Accusation of Sir John Oldcastle. inventi sunt nefarii homines, qui in accusationem Joannis Oldcastelli, militis, fortis viri et optimi equitis descenderint: illins virtus major fuit et praestantior quam ut perditi homines aequo animo eandem ferre potuerunt. Studuerunt florem ejus infringere, et in odium Archiepiscopi Cantuariensis ornatissimum militem adducere. Non laesae majestatis, sed haereseos reus accusatur : ea illorum temporum corruptela fuit, ut vera religio, quam pontifex Romanus nunquam agnovit, haeresis diceretur. Nec enim illius aetatis pontifices quicquam in religione approbarunt quod papalis auctoritas non · retinuisset. Tantum ci tribuerunt, ut nefas ac scelus videretur ab ejus sententia recedere, aut id infirmare quod is decreto confirmasset.

Archiepiscopus, ne temere quicquam in egregium vi- The king is referred to. rum, principi carissimum, statueret, detulit omnia accusationis capita in Oldcastellum conjecta ad regem ipsum, a quo petiit ut auctoritate sua Henricus decerneret qua poena haereticum afficeret. Princeps gravate ac peracerbe tulit, praestantem dignitate virum in discrimen adduci. Petit ergo ut Archiepiscopus ornatissi-

A.D. 1413. mum virum errore liberaret, et, si impegisset, consilio juvaret ac omnem opinionis, qua deciperetur, inanitatem eriperet : nec vero dubitavit quin id ab eo efficeretur, cum pastoris egregii munus esset palantes oves in viam reducere. Placuit regi hominem convocare, sermonem cum eo familiariter instituere, postulare ne se divinis legibus et institutis hostem præberet. Cui maximas gratias vir summus egit : nec vero dominus Cobhamus recusavit, scripto exhibere quid de omni religione sentiret ; seque regis celsitudinem ac majestatem colere unice, pro qua non dubitaret mortem oppetere, affirmare non destitit. Illius accusatio a rege ad episcopos delata est ; cum ita more ac consuetudine apud Anglos inveterasset, ne quisquam de religione aut fidei articulis disputaret, aut proseminatas de ulla parte religionis opiniones, quantum veritatis unaquæque contineret, examinaret, qui sacris non esset initiatus.

Oldcastle committed to the Tower.

Interea, dum ea studiosius efficiuntur, dominus Cobhamus in Turrem Londinensem includitur ; ubi remanere jussus a principe, quoad opinionis veritatem, cujus defensionem suscepisset, Archiepiscopus una cum suis invenisset. Die constituto conventus clericorum Londini fit, in æde Divi Pauli ; nec multo post in aula Fratribus Nigris dedicata, congregantur. Cobhamus adducitur ; ejus sententiam et opinionem de singulis sciscitantur. Qui cum libere exposuisset animi sensus et cogitata mentis aperuisset, Archiepiscopus Cantuariensis, quid in religione sincerum esset et incorruptum ignorans, decreto et sententia sua, quæ a veritate multum abfuit, Cobhamum hæreticum pronuntiat ; et tamen is eam opinionem secutus est quæ verbo divino niteretur, nec hominum judicio unquam confirmari necesse fuit.

Clergy convoked 23d, 25th Sept.

Oldcastle pronounced a heretic.

Escapes from the Tower into Wales.

Dominus Cobhamus ad Turrem Londinensem, jussu Archiepiscopi, deducitur : sed inde evasit atque e carcere eductus est, vel amicorum præsidio tectus et adjutus, vel corum perfidia qui custodes constituebantur, quos præmiorum spe et pecuniæ magnitudine corruperat, ac clam in Walliam profugit, ubi ad breve et perexiguum tempus permansit.

Postquam ea res Henrico innotuit, et Cobhami fuga nulli obscura esset, rex, spe ductus hæreticum posse comprehendi si præmia indicibus, qui de illius fuga aliquid significarent, proponerentur, non destitit omni ratione procurare, ut is captivus ab eo detineretur qui in cum primus incidisset; et præmiis amplissimis afficeretur, qui Rewards eum vel vinctum ad regem deduceret, aut locum signifi- offered for caret in quo consisteret. Præmia decernuntur a rege discovery mille marcæ auri, una cum libertate si nondum ad eam of Cobham. pervenisset : et rescripto suo princeps præcepit, ut optimo jure cum cæteris civibus in civitate Londino viveret. Tanta fuit illis temporibus apud omnes ordines Cobhami gratia, tantumque valuit auctoritate, ut rescriptum principis contra salutem optimi militis nihil efficere posset, nec præmiorum magnitudo impellere et adhortari ut reum, proditione facta, indicarent.

Cum Cobhamus incertis sedibus vagaret, vitam suam His refuge fugæ et solitudini mandans, clam in coloni cujusdam near St. domicilium, non procul a Sancta Albonia, se recepit. Alban's. Domus ea ponebatur in finibus cujusdam dominii quod ad Archimandritam loci illius jure legitimo pertinuit. Servi abbatis, scelere et maleficio pasti, postquam certi aliquid et explorati percepissent de reditu Cobhami in illas partes, omnem consilii rationem inierunt ut hominem comprehenderent; sed is ex corum manibus, tanquam ex fati faucibus, ereptus, in fugam se conjecit. In servos illius incidentes multos vulneribus affecerunt, et eos potissimum in custodiam conjecerunt qui animo fideli in dominum fuerunt, quibuscum multa consilia ipse cepisset et sæpius de omnibus suis rationibus contulisset.

Deprehensi libri quidam, auro, imaginibus Sancto- Special rum, variisque picturis ad pompam et splendorem charges against him.

B

A.D. 1413. ornati; sed Cobhamus, qui illas ineptias ferre non potuit, omnes rerum inanium formas abraserat, cum nihil in eis inesset quod ad religionis sanctitatem impelleret. Fuit quidem in illis umbris quod errore imperitos deciperet ac in fraudem impelleret. Abbatis animum illud maxime offendebat, quod parum honorifice Cobhamus de Maria Virgine, domina omnium, videretur sentire. Litura in illius nomine, ac aliorum Divorum qui e vivis excesserant, facta in Litania inveniebatur, donec ad eum versum perveniretur, " Parce nobis Domine." Nonnihil de virginis dignitate ac sanctorum honore detractum ab illo fuit. Unde hinc lacrymæ omnes et tragœdiæ in monachorum et fratrum aulis excitabantur.

Ista invidiam homini optimo et veræ pietatis studioso conflarunt, in quem greges Papistarum ita exarserunt ut nihil prius quam eum extinctum optarent. Nec diu is incolumis permansit aut vitæ usuram habuit. Deprehensus in finibus Walliæ, in dominio domini Powes, non sine multorum periculo, vitæ discrimine, nonnullorumque cæde. Multis vulneribus ipse affectus deducitur a domino Powes ad ducem Bedfordiæ, qui tunc regni totius curam et procurationem, rege absente, susceperat. Omnes nobilium ordines eo tempore congregabantur, ut viam ac rationem aliquam excogitarent qua facillime pecuniam compararent ad belli Gallici sumptus sustinendos, quod indictum prius rex tunc gereret. Inhumanum videbatur reum causa indicta condemnari et ad supplicia duci; naturæ lex, cui omnes parere debent, non patitur, nec fert humanitas, nulla defensionis ratione proposita, vel nocentes pœnarum magnitudine a maleficio deterrere aut nefarios homines suppliciis coercere, antequam capitis patronos conquisiverint qui eorum causam liberius agant. More et consuetudine apud omnes receptum est, causarum concertatione facta, quid juris in utraque parte sit videre.

His capture.
A.D. 1417.

The Parliament decides to hear him.

Jussus idcirco Cobhamus est, cum maxima nobilium A. D. 1417.
corona circumfusus sederet, causam suam perorare et He is commanded
pro se dicere. Is, invicti animi magnitudine et robore, to plead
quamvis jam multis vulneribus concisus, noluit liberius before the nobles.
quicquam pro se dici quam simplex veritatis oratio
pateretur. De eo hoc vere . videor dicturus quod de
Socrate Cicero usurpat oratione, adhibuisse eum liberam
contumaciam a magnitudine animi non a superbia
ductam; sed ne in regis offensionem graviter incideret,
aut eis displiceret quos pacatos et causæ suæ patronos
concupisceret, ita exorsus est—

"Causa facit, nobilissimi viri, ne a Cyrenaico Hegesia, His speech.
de quo est apud philosophos, valde dissentiam; et
quamvis oratio lugubris sit, luctus et doloris plena,
vitæ calamitates lamentari liceat tamen per vos, nec
Simonidem rejicere, Euripidem contemnere, aut Plutar-
chum inertem nullaque rerum cognitione imbutum
judicare; quorum prudentia esset requirenda, si natura
nihil mali in vita posuisset. Viva voce loquuntur
omnes, turbulentissimas in corpore constitutis tempestates oboriri. In solitudine, remoti a negotiis, æquo
animo vivere sapientiæ duces non ferrent, si ea esset
in vita jucunditas quam opinionis errore multitudo
fingit.

"Vita, laborum cumulus, curis mortale genus conficit,
et ad cœlestium rerum cognitionem anhelantes terrena
mole retardat. In hoc communi spiritu nihil est quod
fortuna non feriat; et, tanquam imperiosa domina,
universa · torquet ad usus hominum spectantia. Pria-
mum vita in malis exercuit, quem nec amplissima
familia, nec regiæ opes, nec familiaritates amicorum a
fortunæ impetu conservarunt incolumem. Copiosa est
Platonis in Axiocho et fortis contra mortem oratio.
Vult princeps ille philosophorum efficere, in animi cor-
porisque direptu nihil horribile inveniri, nec magis
quicquam molestiæ in ipsa morte quam post ipsam
relinqui, cum pars illa divinior, extincto corpore, ad

A.D. 1417. cœlestes ignes pervenerit. Certa immortalis animi indicia mortis horrorem sedant, ne immatura accidisse videatur. Adest nemo in hoc concursu qui non intelligat malum illud opinionis, quod auget solicitamque habet naturam, inductione mentis posse amoveri. Philosophi morti procedunt obviam, æquabili sine ulla mutatione vultu, cum in contemplatione se exercuerint; et dejicietur animo Cobhamus, cum in partium secretione nulla insit formido? Dissipatas animi partes colligat, et se in maximis rebus invictum virum, animo excelso et humanas res despiciente, ostendat.

"Revocet in memoriam quod a summis philosophis dicitur, mortem non esse interitum omnia delentem, sed supremum vitæ diem; cogitet commutationem loci afferre, cum vel profundissimo somno vel perpetuæ peregrinationi non sit absimilis. His commoveri vehementius aut succumbere, infractionem animi significat. Quid dulcius, quam omne tempus in peregrinatione consumere? Et si somnus reparet vires fessaque membra levet, non erit cur in morte expectetur calamitas, cum nullam miseriæ umbram in somno videris; sunt enim gemelli quibus nihil similius; vere ut liceat cum poeta exclamare, 'Stulte, quid est somnus, gelidæ nisi mortis imago?' Epicharmus, ut aliarum rerum, sic vitæ modum præscribit, neque bene vivendi rationem temporis longinquitate metiendam putat; sed ex sapientum decretis acta ætas longissima jure vocetur. Gentes ad humanitatis studia duriores sine metu et horrore mortem deposcunt; tantum consuetudo, et mos natura fortior, valet. Devoti sive solduri ea lege ac conditione tenentur, ut nullam subire fortunam cum illis recusent quibuscum amicitiam contraxerunt; verum si quid illis adversi obtigerit, eisdem rebus perditis se implicant; neque, hominum memoria teste, quisquam adhuc inventus est qui mori effugerit eo interfecto in cujus amicitiam se insinuaverat. Dii corporum vinculis levarunt

quos conjunctissimos in vita manentes habuerunt. A.D. 1417.
Neque vero, nobilissimi proceres, pericula quæ denuntia-
rentur et cruciatus impendentes me unquam tam
moverunt, quam id perturbaverit quod ab omnibus
diceretur, regem summum, mihi quondam amicissimum,
meis fortunis et saluti infestissimum extitisse ; ut
penitus de vita et incolumitate esset desperandum, si
ad saniorem mentem rediissem. Neque tamen is unquam fuit Cobhamus, qui æquo animo mortem oppetere
recusaret potius quam inanitati opinionum religioni
et veritati repugnantium ascriberet. Multa dura et
acerba mihi ob oculos in exilio meo versabantur, nec
in tanta acerbitate qualem ipse perpessus sum vita
fuit retinenda.

"Non eram tam rudis, tam ignarus rerum, aut tam
expers consilii et ingenii, ut nescirem vitæ cursum
brevem admodum esse. Cum esset omnibus definita
mors, optandum putavi quam multis prodesse dum
corpore et spiritu vita contineretur. Neque unquam eo
animo fui, ut vitæ suavitatem divinæ gloriæ præ-
ponerem. Hic restat actus in quo elaborandum est, ne
impii homines, qui nec ex rerum optimarum cognitione
unquam aliquid perceperunt, suis ineptiis ac opinionum
commentis scripturæ veritatem obscurent ; quod cum
multi e pontificibus essent aggressi, his me opposui,
quorum falsis criminibus effectum est ut in has calamitates inciderem ; et Henricus rex, qui a me nullo
meo merito alienus esse debebat, inimicissimus mcæ
saluti efficeretur. Si quid commiserim quod vel im-
pium in regem judicetur vel in patriam nefarium,
cujus amor me delectet, nullius supplicii acerbitatem
recuso. Atqui modo adhibeantur judices, qui, nulla
jactatione animi nimia commoti, quicquam præjudicati
afferant. Si tanta rerum divinarum ignoratio in sacerdotibus non modo fuerit impunita, sed a vobis præ-
stantissimis viris, quorum humeris universa respublica

A.D. 1417. nititur, approbata, verendum erit ne brevi ad disperditionem ruat respublica et Anglia seipsam conficiat.

"Hæc effudi, non quod, spe aliqua inani ductus, putarem vestram posse clementiam oratione mea commoveri aut dictione obtineri, ne pœnas, quæ diu impendunt ac mihi denuntiantur, subirem, sed ut extaret facti mei, si non præclari at quidem necessarii, in vestris mentibus ac omnium animis testimonium perpetuum. Quicquid obtigerit non recusanti accidet; mihi fere satis est, quod vixi vel ad ætatem vel ad gloriam. Heu! si quid accesserit, non tam mihi quam vobis reipublicæque accesserit."

Sentence of death and execution, 14 Dec. Sermone hoc omni confecto, cum nobilissimus dux Bedfordiæ quæstioni illi præesset quæ de Cobhami morte constitueretur, ex consensu procerum qui una assidebant lata in eum necis sententia est. Habuit ea in se nonnihil acerbitatis, ut, a Turri Londinensi traductus in agrum Divi Egidii, non procul ab ipsa civitate medium arreptus crucifigeretur. Quæ cum gesta essent, ignibus subjectis, crux ipsa una cum homine ornatissimo flamma consumpta est.

A.D. 1413. Ingravescente ætate, alia quædam incommoda Henrico imperanti acciderunt: illa regni tranquillitatem perturbaverunt. Fato quodam evenit ut in medium rerum omnium certamen summus et nobilissimus princeps incideret; sed nefariorum hominum conatus fortissimus ac vere heroica dignitate Henricus retardavit, eorumque furores sine multo sanguine et sudore repressit, quamvis de Gallis, quibuscum congressus sit armatus, lemniscatam palmam retulerit. Cum is Elthamiæ Natalia Christi omni magnificentia et splendore celebraret, nec de improborum hominum furoribus multum Acton's conspiracy against the king. cogitaret, subito conjurationem fecerunt perditi homines, qua non tam regiam majestatem delere quam universam rempublicam evertere proposuerunt. Prudentia regis et præstans animi magnitudo effecit ne

er-
\
us,
in-
m-
ret
es-
pe-
ihi
un.
ei-

ux
mi
ua
uit
nsi
psa
um
um

en-
em
um
in-
tis-
vit,
es-
na-
iæ
le-
ul-
liti
am
ru-
ne

quid detrimenti ex eo tumultu respublica caperet. A.D. 1414.
Princeps conjurationis extitit Rogerus Actonus miles,
qui amplissimas a majoribus suis possessiones heredi-
tario jure accepit, et multum ipse alta quadam
mente et singulari prudentia honeste comparavit.
Huic se comitem adjunxit, in illa nefaria conjunctione
et sceleris societate, Johannes Brownus eques; quos
etiam secutus est Johannes Beverlaus sacerdos, ac
ingens naufragorum manus ex diversis regni totius
partibus.

Postquam Henricus rex Elthamiam reliquisset, ac
jam in Westmonasterio regia sede sine omni periculo
consisteret, præsidia comparat et aciem instruit qua
regni hostes justo bello persequatur. Antequam de *The con-*
regis adventu hostes aliquid accepissent, is conscriptos *spirators*
and their
milites ac armatas copias subduxit in agrum Sancti *forces as-*
Egidii, qui prope abfuit ab eo loco ubi regis inimici *semble in*
St. Giles's
omnia auxilia sua collocassent. Præmisit etiam Henri- *fields, and*
cus, qui diligenter viderent quas in partes hostes iter *are at-*
tacked by
facerent: quod cum patefactum esset in agro Ficket, *the king*
in Ficket
instructa acie inimicos aggreditur, qui regis impetum *Fields.*
sustinere non potuerunt. Ad clementiam principis multi *Defeat and*
armis datis confugerunt, nonnulli in bello et certamine *flight of*
the con-
ceciderunt. In prætorio Londinensi ad viginti octo, *spirators.*
qui arma contra principem tulerunt, condemnantur.
Actonus, una cum suis satellitibus, per civitatis plateas *Acton's*
vi quadam vectus, in crucem sublatus est et spirans *death.*
adhuc in ignem conjectus.

Placuit serenissimo principi maleficio et scelere sub- *The king's*
movere reliquos cives et adhortari ne quid tale in *clemency.*
principem tentarent, cum supplicia illis infligi perspi-
cerent quorum improbitas ad patriæ et reipublicæ
interitum spectaret. Immensa esset oratio, si expli-
carem quanta clementia, quam prope inaudita ac plane
incredibili, in multos Henricus rex usus sit; noluit
quemquam in acie cadere, quem armorum periculo vel
ipse vel alius quisquam liberaret. Postquam omnia

A.D. 1414. prudentia et æquitate principis parata essent, isque jucunde cum nobilibus viveret nec quicquam mali suspicaretur, dum in aula et honorificentissima domo sua

The Dauphin's message and insulting present. Kinnelworth degeret, visum est Carolo Galliæ Dolphino, regis Gallorum filio natu maximo legatos ad nobilissimum principem mittere ; quorum inepta ac plane ludicra, nec inter sanos unquam nominanda, legatio non injuria Anglorum regis et illustrissimi principis animum ira inflammavit. Quis enim æquo animo illius stultitiam, ne dicam scelus, ferre potuit, qui amplissimum regem ac in bellis semper invictum rebus leviusculis . remuneraret ? et pilas Lutetiæ affabre consutas xenii loco ad eum mitteret, cujus virtus et animi elatio Gallos imbelles sæpius profligasset, eorumque ferocitatem compressisset ?

Princeps noster exarsit, et moleste tulit talia munera a Dolphini legatis ad eum deferri ; quæ magnifico regi videbantur aptiora pueris quorum ætas in rerum inanium studio consumitur, quam viro forti consen-
The king's reply. tanea qui nihil humile aut abjectum curaret. Verum is, qua fuit prudentia, legatis imperavit ut Dolphino suo enuntiarent, se elaboraturum ne ingens pilarum Londinensium copia et multitudo a Gallorum turba desideraretur, quibus se sperare confirmavit deturbari posse tecta Gallorum amplissima et solo adæquari ; nec differre potuit omnia ad belli usus necessaria comparare, cum tantas injurias contumeliasque Galli in eo legationis munere ei imposuissent.

A Parliament held at Leicester. Anno regis secundo, maximi omnium ordinum conventus, cum princeps Leicestriæ consisteret, indicebantur. In illis comitiis variæ leges constituebantur : sanctiones prius latæ confirmantur, et multa a plerisque qui sententiæ dictionem in eo senatu habuerunt proposita in aliud tempus deferri placuit.

Undecimo anno Henrici quarti Anglorum regis, cum omnes nobiles ad comitia summa quæ Westmonasterii celebrarentur frequentes advolassent, venit illud

plerisque in mentem precario ab illo principe con- A.D. 1414.
tendere et petitionem suam adornare diligentius, ut
possessiones terrarum, dominia rerum privatarum, tem- A previous
poralitates, ut ita loquar, et feuda a piis hominibus proposal that the
religiose sancteque concessa ac tributa, cum nefarie king should
ac luxuriose a clericis consumerentur, princeps sibi assume the possessions
assumeret, et, suo jure ac si a majoribus eadem here- of the
ditate accepisset, vindicaret. Bonitas prædiorum regi clergy, now renewed.
ostenditur, et fructuum utilitas quæ quotannis ex
eisdem perciperetur silentio non involvitur. Adfuerunt
qui non dubitarunt affirmare rem illam, semel a nobilibus susceptam, et regi honori, eis utilitati, et patriæ
universæ emolumento futuram. Addiderunt posse illis
fortunis facile sustentari, quindecim comites, quindecim centum milites sive barones, sex mille du-
centos equites, et centum ptochotrophia, in quibus
homines miseri senectute et egestate perditi nutriren-
tur. Præterea, detractis sumptibus, sperarunt annuos
redditus ad principem et ejus fiscum viginti mille
libras, quam minimo negotio, sine ullo labore perventu-
ras. Aulicis, qui alienis fortunis inhiarunt, præclara
res visa est; sed clerici, de quorum possessione ageretur, desperatione pene fracti ne non illibata bona sua
diutius conservarent, hastas abjecerunt; antequam Hen- Arch-
ricus Chichelaius Cantuariensis episcopus viam ac bishop Chicheley's
rationem excogitasset, qua facile incendium illud quod plan for
omnium bonis fere subjectum esset extingueret. Per- averting the con-
spicax illius viri ingenium alia senatui et summo con- templated
cilio proposuit, de quibus deliberaret. Chichelaius, spoliation.
venia a principe impetrata ut libere diceret sine inter-
pellatione ulla quæ ad regis dignitatem, tenuiorum
salutem ac incolumitatem, pertinerent, ita orationem instituit—

"Vetera eruditorum monumenta, qui avitis tem- The speech of Arch-
poribus res gestas literarum monumentis mandarunt, bishop
memoria mihi repetenti multa occurrunt, quæ in opti- Chicheley advocating
mam spem adducerent et diffidentem facile confir- the inva-

marent, ne de regni totius dignitate desperarem, si
quando illius gubernacula principi fortissimo traderen-
tur, qui auderet jus suum armis persequi, et quæ a
majoribus hereditate accepisset vindicare non dubitaret.
Non possum, serenissime princeps, falsa illa et a
veritate aliena dijudicare, quæ gravissimi antiquitatis
scriptores literarum lumine illustraverunt.   Præclare
cum nostra republica agitur quod in eum principem
incidimus, qui virtute sua et hostium impetus propulsare possit et eorum audaciam frangere velit, ac
quæ nullo jure alienissimi homines diu retinuerunt ab
eisdem auferre et eripere audeat : ferro et manu expe-
riendum, cum Gallorum ea conditio sit, quibuscum certamen sit futurum, ut gravate ferant inique retentum
amittere quamdiu vel minima spes possessionis reti-
nendæ non fuerit præcisa.   Præclare, princeps nobilissime, tibi a majoribus ducatus Normandiæ et Acquitaniæ, una cum regionibus prope positis, traduntur ; tota
illa Gasconiæ insula jure hereditatis relinquitur ; nec
ista tantum tibi debentur, si consopitam tuam in rebus
maximis gerendis ac jamdiu retardatam consuetudinem
excitare volueris ; sed universum illud Galliæ regnum
te verum et legitimum principem Gallorum profitetur.

"Cum enim avus tuns Edwardus tertius te heredem
suum agnoscat, quæ amentia præclare relicta nec a
majoribus sine sanguine acquisita, negligentia, incuria,
et animi infractione amittere ! Te ducem omnes pos-
cunt, qui, si bellum indixeris, ad arma æquissimis animis confugient ; nec justa metus causa oblata est, qua
perterritus a fortissimis consiliis refugias.   Juste geretur bellum, cum et res tuæ repetentur et antea fuerit
denunciatum ac indictum.   Nemo forti et elato animo
manu cum Gallis confligere recusabit, qui te fortunis
amplissimis spoliatum hucusque defraudarunt.   Aggre-
dere, nobilissime princeps, homines acres et fortes qui
tuis incommodis se locupletant : hos si bello deviceris,
omnium literis et linguis laudes tuæ celebrabuntur.

A.D. 1414.

" Nulla est veritatis imago aut umbra in his quæ
Gallorum proceres arripuerunt, quibus se defendunt in
rerum amplissimarum possessione ; nec quod a plerisque
dicitur, "In terram Salicam mulieres ne succedant,"
Angliæ regibus obstare aut eos excludere potest, vel
Gallos adjuvare, ut jure videantur aliquid arripuisse,
non per summum scelus omnia occupasse, cum ea
terra non Gallorum sed Germanorum propria sit. Nec
vero Pharamondus, illius constitutionis auctor, injuriam
Angliæ principibus inferre voluit aut Gallos beneficio
afficere, qui illam terram, multis temporum spatiis de-
cursis post Pharamondi mortem, attigerunt. Is voluit
levitatem impudicarum mulierum pœnis coercere, et
efficere ne meretricio more viverent. Quanta cupiditate omnes incenduntur, ne de tua dignitate aliquid
detractum videatur aut paternæ et avitæ hereditatis
tuæ ulla diminutio fiat, multorum querelæ argumento
esse possunt. Moleste ferunt Gallos alienis bonis
pacate perfrui, et cum summa tua injuria suas opes
et facultates augere. Cum paucis abhinc diebus clericorum concursus fieret, ut in synodo nostra res eæ
curarentur quæ ad religionis sanctitatem spectarent,
omnium consensu decretum fuit ingens auri pondus
subministrare et pecuniam comparare, qua tu ad bellum probe gerendum et prudenter administrandum
utereris. Quæ si placuerint, unus ego pro omnibus
polliceor et spondeo, clericorum cœtus nulla in re ma-
jestati tuæ et celsitudini defuturos."

Cum ista archiepiscopus in oratione sua breviter
coarctasset, dubitare visus est princeps quid primum
susciperet. Chichelaius non destitit stimulos principi
admovere, et quamprimum impellere ut fecialis bellum
denuntiaret. Non defuit homini eloquentissimo dictionis
ornatus, quo singula perpoliret et eum motum quem
maxime cuperet in principis animo relinqueret. Princeps,
incredibili armorum studio incensus, statuit quamprimum in Gallos exercitum educere ; sed Radulphus

The king
determines
on war with
France.

A.D. 1414.
The dis-
cussion on
this sub-
ject.
Nevellus, Westmerlandiæ comes et in septentrionali
regionis parte illis temporibus tribunus militum, quem
Marascallum hodie dicimus, persuadere elaboravit ne
prius Gallis prælium indiceret quam Scotos, nostris
hominibus non faventes, Henricus subegisset; fretus ea
ratione quæ in omnium ore tum fuit, devictis Scotis,
perfacile bellum et certamen cum Gallis futurum.

The Earl
of West-
moreland's
motives
impugned.
Sed erant qui comitem privatis suis commodis maxime
in ea re consulere putarent; cum ad eum cura rei
militaris præcipue pertineret, et facilius esset omnia
quæ ad bellum Scoticum necessaria essent comparare
quam ea acquirere quibus belli ratio adversus Gallos
administraretur. Hæc in comitem conjiciebant, quod
Tribunorum officium esset, milites in castris continere
et ad exercitationem producere, claves portarum sus-
cipere, vigilias interdum circumire, frumentationibus
commilitonum interesse.

Comiti Westmerlandiæ, viro excelso et omni virtutum
comitatu instructo, honoratissimus Excestriæ comes se
opposuit ac ejus orationem vanam esse docuit; cujus
in dicendo libertatem facile ipse confutavit, cum tanta
fuit apud omnes gratia, et sanguine ac cognatione cum
rege ipso, cujus patruus esset, conjungeretur. Quos ergo
aculeos in principis animo Nevellus reliquerat, eosdem
evellere ipse voluit : quem in hunc modum de omni illo
negotio quod tunc ageretur, verba fecisse accepimus—

The Duke
of Exeter's
speech.
" Magnum opus et perdifficile, de re maxima in
conventu nobilium, nullis adhibitis dicendi ornamentis,
jejuna oratione sermonem instituere. Si per teipsum
consideraveris, grave est et invidiæ plenum ab homine
nobilissimo defensa ac stabili ratione conclusa infirmare ; sed cum par sit in utroque dignitas, illius
splendori nulla labes aut macula erit aspersa, si quæ
ipse utilissima indicavero in hac corona effutiam.
Desperanda illius reipublicæ salus quæ honoratissimis
viris libertatem sermonis eripit, et pœna sancit ne
quid quisque de republica sentiat eloquatur. Rerum

usus et impendens nostræ reipublicæ periculum me A.D. 1414.
in multis negotiis sæpe exercuit, ut hospes aut pere-
grinus in hominum moribus cognoscendis a nemine
judicer.

"Non is sum qui nihil de Scotorum consuetudine
ac natura unquam acceperit. Quibus studiis ab
ineunte ætate se imbuerunt, optime cognovi; nota
mihi sunt omnia quæ illi vehementius consectantur.
Genus hominum est ad rem satis¹ attentum, incautum,
improvidum, et rerum quæ in vita communi geruntur
penitus ignarum. Si quid unquam consilio et ratione
declinaverint, id acceptum Gallis referant. Scoti nec
acute videre quid in quaque re esset fugiendum aut
ullius negotii rationem explicare unquam potuerunt.
Omnes illas disciplinas, quibus vel pacatis temporibus
in pace ac otio domi floruerunt aut nominis famam
foris in armorum periculo acquisiverunt, a Gallis Scoti
hauserunt. Ab his, tanquam a fonte quodam, omnia
deducta sunt et accersita quæ Scotiam nobilitarunt.
Si Galli, eisdem infensi, consilio et prudentia eos in
acie periclitantes non adjuverint, imbelles, mihi crede,
pueri videbuntur, qui nunquam hostem, nunquam
castra aspexerint.

"Sapientis est membra quæ maxime nocent amputare,
antequam cæteris partibus leviter ægrotantibus cura-
tiones adhibeat. Si auctoritatis pondere cives meos ad
arma capienda adhortari et impellere possem, de bello
Gallico cogitandum, et conscribendum exercitum putarem, qui invicto animi robore eorum opes frangeret,
avitam dignitatem diu amissam recuperaret, et hereditatem a Gallorum rege retentam nostro principi resti-
tueret. Quis dubitat, quin hostes nobis futuri Galli
sint si semel exercitum in Scotos rex noster eduxerit?
Si cum Gallis nulla juris societas sit injuste nostra
possidentibus, virtute experiamur Gallosne an Anglos
velit regnare fortuna, quidve ferat sors. Bello Gallico,

---

¹ Sic in MS.

si per regem invictissimum licuerit, me ducem futurum polliceor; sed ea est animi magnitudine princeps noster illustrissimus, ut dubitare debeat nemo, quin is una nobiscum progredietur ac Gallos facile in potestatem suam rediget.

"A majoribus accepimus, quoties in finibus Romani imperii hostis externus consisteret, incendiis silvas ac agros vastaret, fortissimos duces fuisse electos qui audaciam perditorum hominum reprimerent. Quoties tumultus alicujus suspicio subesset aut bellum Galli indicerent, imperator exercitus e Capitolio duo proferens vexilla, unum roseum quo pedites evocaret, alterum cæruleum quo equites educeret, ea voce usus est, 'Qui vult rempublicam salvam me sequatur.' Milites, juramento obstricti, in præsidio et statione ubi essent ab imperatore positi permanserunt, dum hostis vel bello esset devictus aut in fugam cum ignominia conjectus. Quod a Romanis factitatum fuit, id nos imitatione quadam affingamus. Cum hoste justo bellum geretur; comparentur studiose a singulis auxilia, quibus instructi præclaram de Gallis victoriam consequamur. Quantum ipse comiti animo et labore contendere potero, tantum efficiam, ne ignominiosum nostris hominibus fuisse unquam judicetur, impuros Gallos regiis bonis tanto in otio tam diu cum summa tranquillitate se locupletasse."

The effect of the Duke's speech.

Tantum effecit dux Excestrensis, ut una voce, cum is dicendi finem fecisset, ad bellum gerendum et armorum studium omnes sese invicem adhortarentur. Quanta voluntatis inclinatione propenderent, ne frustra dux eos in Gallos concitasse videretur, ex ardore animi quem in bello significarunt non fuit obscurum. Concilio nondum demisso, princeps fratres suos, Johannem et Humfredum, alterum Bedfordiæ, alterum Glocestriæ ducem, constituit. Thomæ Beaufurto, Dorsetiæ Marchioni, Excestriæ ducatum concessit; reliquos amplissimos viros maximis præmiis affecit. Multa ad nominis famam et regni utilitatem præclara in eo concilio constituebantur.

Visum est Henrico serenissimo principi legatos in
Galliam mittere, ne quid temere committeret aut belli
jura sancte et inviolate non conservaret. Suscipienda
bella putavit, ut sine injuria in pace viveret; et vere
dijudicavit, nullum bellum esse licitum, nisi quod aut
rebus repetitis gereretur, aut denuntiatum ante esset et
indictum. Electi a rege et senatu ad munus legationis
obeundum, dux Excestrensis, dominus Graye, qui Admi-
ralitatis munus tunc in Anglia gessit, Dublini, Nordo-
vici duo episcopi; qui, postquam Galliam attigissent,
regio et magnifico apparatu Lutetiæ a Gallis hospitio
excipebantur. Angli ita splendide legationem obierunt,
et tanta magnificentia Lutetiam intrarunt, ut omnium
oculos in se suosque converterent. Gallorum princeps
se clementem et benignum eis præbuit, nec ulla
humanitatis officia prætermisit.

Angli quam celeriter imperata facere elaborarunt;
petunt a rege Gallorum, cum ad eum essent intromissi,
ne inique per summam injuriam a principe nostro
detineat regnum et Galliæ sceptrum, neque differat
Henrico in manus tradere ducatus Aquitaniæ et
Normandiæ, qui hereditate ad eum pervenissent.
Addiderunt nostri, si æqua hæc Gallis et honesta
postulatio videretur, regem nostrum Katherinam dominam, Gallorum regis filiam, uxorem ducturum, cui illas
possessiones tanquam dotale prædium concederet; quod
si corum preces et postulata aspernaretur, Henricum
ferro et fiamma, ingenti militum manu, justo ac legitimo
bello, quid in his consequi et obtinere possit tentaturum.
Re illo tempore non perfecta, nostri homines, omni
laude et prædicatione dignissimi, irriti legationis re-
dierunt. Galli in ancipitem cogitandi curam adduce-
bantur, et varie distracti postularunt a legatis ut ad
cogitandum nonnihil temporis et spatii liceret sumere;
ac verbis confirmarunt, brevi tempore interjecto, se ad
senatum Anglorum de rebus suis maximis legatos
missuros.

Sidenotes:
A.D. 1414.
An embassy to France is determined upon.
Its entry into Paris, and reception.
The proposals made to the French king.
Return of the embassy.
The French promise to send an embassy.

A.D. 1414. Cum incolumes nostri homines rediissent, frequenti senatu legationis initæ rationem exposuerunt. Eo tem-

Measures taken against the beneficed clergy of French parentage. pore quo hæc universa agerentur, ingens Gallorum multitudo in Angliam irrepserat, qui, sacris mysteriis initiati, nulla dignitate aut honore caruerunt qui nostris hominibus unquam patuit : sed cum rex animadvertisset spoliari fortunis tenuiores, et earum rerum expor- tationem esse quibus multi egerent, convocata synodo, imperavit ne quis canonica institutione beneficium ecclesiasticum obtineret aut in ecclesia Anglicana dignitatem ullam consequeretur, qui civitatis nostræ et libertatis jura non obtinuisset. Ita effectum est ut Galli rerum nostrarum usu prohiberentur.

Henricus omnem curam et diligentiam adhibuit, qua singula ad belli administrationem necessaria com- pararet. Ex optimis militibus undique collectis, qui usum rerum bellicarum habuerant, exercitum conscripsit. Quod cum Gallis esset nuntiatum, copias et manus comparari, milites vicatim conscribi, homines decuriari, omnia ad vim, ad cædem, ad manus, et ad direptionem

The French embassy. A.D. 1415. Their mis- sion ex- plained by the Arch- bishop of Bourges. Galliæ excogitari, legati a Gallis venerunt, comes Vandosmiæ, Bouratierus archiepiscopus Biturigis, Petrus Fremellus Lexovii episcopus, Gualterus Colius scriba principis. Causam communem omnium in senatu nostro egit et mandatum principis Gallorum Bouratierus exposuit, his fere verbis—

" Anceps fortuna belli, incertus exitus, ac Mars com- munis, qui sæpe spoliantem jam et exultantem evertit ac perculit ab abjecto, doctos principes pacate potius et tranquille in otio cum dignitate vitæ curriculum con- ficere admoneret, quam armorum studio se suosque in extremas calamitates conjicere. Funestam facem regno inferunt, qui bellum concitant quo excisa et eversa respublica intereat. Si vetera quæque consectarer et ex eis eruerem quæ doctissimi scriptores tradiderunt, multa præclare constituta belli impetu perculsa et prostrata ostenderem. Nunc seges est ubi Troia fuit, deletæ

sunt præstantissimæ urbes, et vi ac ferro penitus
eversæ. Aratro Carthago proscinditur, Roma Albæ
crescit ruinis. Quid miserius quam sanguine civium
temere profuso delectari? Est ad nominis famam,
sordidum imitatione Darium effingere, animum ocu-
losque cruore ac cæde pascere? Si turpe sit nec in
bene morata civitate ferendum, multis vitæ discrimen
et capitis periculum inferre, omni contentione decli-
nandum; ne[1] paucissimis, sed florenti populo, copiosæ
multitudini, et Gallorum genti bellum illatum san-
guinem innocentium exsorbeat.

"Omnia optimarum rerum studia nobis de manibus
excutiuntur, simul atque novus aliquis motus bellicum
canere cœpit. Præliis promulgatis, leges silent nec se
expectari jubent; quibus revulsis, magna rerum confusio
et perturbatio sequitur. Si nihil tam proprium sit
hominibus quam æquo jure in communitatis humanæ
societate vivere, propulsetur longe a finibus patriæ
bellum, omnium fortunarum commune incendium. Quid
pace dulcius, qua delectari mihi videntur belluæ, quibus
sensus tantum a natura sit tributus? Nec agri tem-
pestivos fructus afferent, nec suum quisque tenebit, si
belluarum more ad vim et arma fuerit deventum.
Impetus corum propellere, qui hostiles inimicitias
nobiscum exercuerint, gloriosum; sed vide, nobilissime
princeps, ne de tua dignitate nonnihil sit diminutum,
cum arma contra Gallos susceperis qui ne minima in
re majestatem tuam offenderunt. Te placatum et
amicum cupiunt; rex noster Katherinam dominam,
sororem suam, uxorem tibi despondet, dotem pollicetur
amplissimam, possessiones maximas, ea lege et conditione, ne nos ad bellum grave et luctuosum gerendum
provoces: dimisso exercitu, si in gratiam cum rege
nostro redeas, pacata et tranquilla erunt omnia;

---

[1] Qy. *non* omitted?

A·D. 1415. Anglia in Gallorum familiaritate, et Gallia in Anglorum benevolentia ac consuetudine, tanquam in peropportuno diversorio, acquiescet."

Tandem archiepiscopus peroravit; cujus orationi silentium fuit tributum, dum Cantuariensis archiepiscopus se ad dicendum paratum ostenderet. Genus orationis subtile et accuratum archiepiscopus attulit ; in eo divinum ingenium apparuit; inerat etiam, nisi me forte propter benevolentiam in nostros homines fallit, oratio cura et vigiliis elaborata. Cum Henricus rex ci imperasset, commentationem inclusam in aspectum ac lucem proferre exorsus est, non ab ostentatione aliqua, sed a rei ipsius veritate—

The Archbishop of Canterbury answers. "In ancipitem curam incidi, illustrissime princeps, e duobus utrum sit honestius, clementiam tuam divinam ac prope inauditam accusare, an Gallorum legatos reprehendere ; cum nullo rubore perfusi ab invictissimo rege, cujus fama ad fines totius orbis pervenit, injusta postulaverint ; eique praescribere non dubitarint, quid is sequi ac quibus legibus parere debeat. Non tam mihi quam eruditis et doctis hominibus aequum videri possit, si Henricus Gallorum principi non praescriberet quemadmodum suo jure uteretur, non oportere eum in rebus suis a Gallis impediri. Copiosa magis quam sapiens, Archiepiscopi de belli incommodis oratio me ad dicendum non facit tardiorem. Quid a rege ipse acceperim, et quantum patriae, communi omnium parenti, debeam, non ignoro. Capienda consilia, non jucundissima, sed quae a doctis et peritis viris salutaria judicentur. Nec ita tranquillitatem et otium amplexari decet, ut a natura et lege interdictum putemus, cum hoste legitimo armis concertare. Si Henricus, illustrissimus princeps, non ea aequitate animi semper fuisset, qua sua magis non imminuta conservare quam aliena per vim et summum scelus rapere concupisceret, ea laude indignum putarem quam omnium consensu merito est adeptus. Quis unquam fando audivit, sevocasse regem

in privatos usus quicquam e re communi, aut cives A.D. 1415.
bonis et fortunis spoliasse, quo ipse magnificentius et
splendidius viveret? Si in suos clementissimus fuerit,
non est cur impietatis accusetur a Gallis, acsi armorum
studio ductus causas belli et certaminis quæreret. Illius consilia pacis et togæ socia, non belli ac armorum,
semper fuerunt. Nec quicquam aliud Henrici arma
voluerunt, nisi contumeliam a regno et suis subditis
propulsare. Nulla tam insignis injuria cuiquam facta,
quæ in contentionem cum ea veniat quam Galli intu-
lerunt nostris regibus imperii clavum tenentibus. Eripere per vim et scelus inique, nullo jure a majoribus
traditam hereditatem detinere, an levis cuiquam injuria
et negligenda videatur?

"De bello cogitent, nec inane pacis nomen objiciant
Galli, si parere conditionibus recusaverint, quas Henricus eisdem proposuit. Katherinæ nuptiis princeps
non ducitur, si Gallorum rex Aquitaniam, Normandiam,
et universa dominia prope posita non restituat. Ad
arma se comparent Galli, quæ, suscepta ab Anglis, Gallorum opes comminuere et eorum facultates deprimere
poterunt."

Hæc cum archiepiscopus conclusisset, princeps mag- The King
nifice et regio more eadem confirmavit; a Deo petens, persists in
his resolu-
ut ignobilis, inglorius, ac inhonoratus suis videretur, si tion.
de bello contra Galliam suscepto sententiam mutaret.
Bouratierus, dolentius ferens frustra de pace actum,
contendit a rege ut animi notionem evolveret; quæ
potestas ei a rege mitissimo fuit concessa. Is ita
locutus est—

"Prudentiam tuam desidero, illustrissime princeps, The
qui, opinionis errore deceptus, pacem a principe nostro French
Arch.
tibi et Angliæ tuæ oblatam judicas, quasi is potentiam bishop re-
tuam, pecuniæ magnitudinem qua abundas, et amicorum plies.
multitudinem reformidaret. Non is princeps Galliæ
unquam haberi potuit, quem res leviusculæ commo-
verent; sed cum singulari lenitate et divina quadam

c 2

clementia in omnes fuerit, temere profusus miserorum hominum sanguis mœstitiam incredibilem animo illius semper intulit. De victoria non est desperandum. Non minores sunt Galliæ quam tuæ nationis facultates, si rerum ipsarum contentio et comparatio fiat. Ne inani verborum strepitu aures tuas offendam, liceat precibus extorquere ut rescripta tua nobis tradantur, ad principem nostrum deferenda ; neve ulla nobis peregrinantibus, dum in tuo dominatu ac regno consistimus, injuria fiat."

His concessis, linguæ petulantiam ac hominis perditi furorem patientia sua Henricus fregit ; et quamvis libertate sermonis hominem non perstrinxit, docuit tamen quam nihil illius oratione commoveretur ; qui cum paulisper tacuisset, sic cum legatis egit—

The King rejoins.

" Stultitiæ meæ testes colligerem, si fortunæ præsidiis confisus ea aggrederer, quæ sine singulari consilio et alta mente ad exitum . felicem nunquam perducerem. Non inani cupiditate rerum vestrarum efferor, nec prosper fortunæ flatus me insolentem effecit. Non sum ita hebes, ut ignorem nihil egregia laude dignum sine afflatu divino unquam accidisse. Regem non faciunt opes, non vestis Tyriæ color, non frontis nota regiæ, non auro nitidæ trabes : rex est qui posuit metus et diri mala pectoris, quem non ambitio et nunquam stabilis favor vulgi præcipitis movit. Desinant idcirco homines ignari et rudes vel populi benevolentiam criminis loco mihi objicere, aut fortunæ ludibria, acsi insanum et conditionis meæ statusque ignarum redderent, proponere. Multitudinis charitatem grato animo, et pietatis pleno, amplector. Non committam ea quæ multitudinis odium ad pestem et interitum regni concitent, nec ita me in procuratione geram ut metum subditis dominatio mea injiciat. Malus est custos diuturnitatis metus ; quem metuunt oderunt, et quem quisque odit periisse expetit. Si in alterutro peccandum sit, malo videri intemperata quadam benevolentia subditos meos potius complecti

quam in communi eorum odio versari. Rerum enim
omnium nec aptius est quicquam ad opes tuendas
quam diligi, nec alienius quam timeri. Si verborum
gloria vobiscum contenderem, non esset multi sudoris
opus in nostra republica paria dignitatis ornamenta,
præsidia stabilitatis, et amicorum multitudinem ostendere. Sed non id agitur, quæ in utraque gente dignitas et amplitudo. Valeat auctoritate apud suos princeps vester, per me licet floreat opibus, nulla res ad
vitæ usus necessaria ab externis desideretur; nos
nostra fortuna erimus contenti. Restituant tamen paternam nobis hereditatem, aut, brevi temporis spatio decurso, Gallorum tectis et sertis, ac laqueatis corum
domibus ignes subjiciam. Omnia mihi injuste erepta,
vi, ferro, ac invicto exercitu in potestatem meam adducam. Gallorum insolentia et linguæ procacitas non
multum me movit; postquam in eorum fines pervenero,
ferocitatem corum comprimam et homines nimium sibi
præfidentes subigam, ut devicti vere fateantur, Anglos
cæteris nationibus bellica virtute et vera fortitudine
nunquam fuisse inferiores."

Hæc cum graviter Henricus astantibus Gallis dixisset,
admirari visi sunt legati illius virtutem, et addubitare
cœperunt, ne rerum omnium interitus consequeretur.
Mœsti igitur et attoniti e regni finibus decesserunt. The French
Henricus omnia quæ e re sua futura essent diligentia ambassadors depart.
procuravit. Cautio omnis adhibita fuit, ne rerum angustia conflictaretur exercitus.

Præposuit summos viros quorum virtus in ancipiti Defence
bello egregia extitisset, qui Scotos ab omni injuria against the Scots.
in officio continerent. Electi ad id munus gerendum
regia auctoritate, comes Westmerlandiæ, dominus Scropus, Grestockiæ baro, et Robertus Umfrevillus miles;
quibus infiniti alii præstante virtute viri adjungebantur. Hi Scotorum audaciam, vetustate et usu quo- Sir R. Umdam corroboratam, fregerunt. Umfrevillus parva manu freville defeats the
innumerabilem Scotorum multitudinem fudit, et præ- Scots.

A.D. 1415. claram de illis victoriam est consecutus. Cum Scoti, secundis rebus effrænati et ferocitate quadam exultantes, latrocinia et excursiones sæpius facerent, tanta scelera impunita Umfrevillus ferre non potuit. Congressus est contra Scotos armatus ; ac cum in exercitu tricentum sagittarios, centum viginti equites, haberet, postquam ancipiti prælio diu utrinque esset pugnatum, succubuere tandem Scoti, e quibus in eo certamine sexaginta et plures ceciderunt ; bello capti tricentum sexaginta, fusi ac profligati mille erant. Magna Umfrevilli apud omnes gloria fuit, et laus prædicatione ac literis eruditorum dignissima illis temporibus videbatur. Huic Henricus favebat, ejus fortunas augere voluit ; sed bello quod indixerat avocatus, non potuit cogitata perficere.

Omnes illius curæ et cogitationes conferebantur, ne bellandi studio prælium cum Gallis susceptum cuiquam non recte, de ejus rationibus judicanti, videretur. Cum parata essent et in promptu universa quæ belli magnitudo postularet, quod superioribus temporibus a Antylope Gallorum rege sæpins rogasset, id ipsum petitum Anty-
is sent over lopum in Galliam misit. Is cum nihil profecisset, mag-
to France. nis itineribus, re non impetrata, ad regem nostrum contendit. His in exercitu Henrici, jam descripto, auditis, inertiam principis nonnulli accusarunt, qui differret armis
Murmurs quam celerrime cum Gallia contendere et amissum jus
among the suum recuperare. Illis nihil tam infestum ac odiosum
English
troops. fuit quod gravius offenderet, quam illustrissimi regis in maximis rebus mora nimia nec a fortibus viris æquo animo ferenda. Satisfacere universis Henricus voluit ; idcirco, omnibus rebus ad profectionem comparatis, diem dixit qua ad littus maris omnes convenirent.

A con- Cum jus suum armis exequi conaretur, regi nuntiatum
spiracy by est, in exercitu illius vitæ et incolumitati principis
the Earl of
Cambridge certos homines insidias fecisse, quas si non præcaveret,
and others. præcisa esset salutis spes. Conjuratorum nomina defer-
untur ; principes erant et nobiles, in quibus maximam

spem salutis suæ Henricus posuisset; quo dolentius tulit, eos præmiis corrumpi aut munerum magnitudine adduci quæ Galliæ princeps promiserat, ut de ejus morte cogitarent. Ricardus Cantabrigiæ comes, frater ducis Eboracensis, dominus Henricus Scropus Masha-miæ, ærarii quæstor, et summus Thesaurarius Thomas Graye miles, novis rebus studuisse dicebantur et con-silium cepisse, ut Henricum nostrum aut vivum Gallis vinctum traderent, aut, antequam e finibus patriæ suæ exiret, eundem ipsi interficerent. Nova ista et repen-tina mala principi nostro nec metum injecerunt, nec potuerunt efficere, ut is infracto animo, humili, aut demisso esset; qui, convocatis nobilibus, in eorum fre-quentia ac conventu sic locutus est—

" Quam detestabilis sit eorum immanitas qui scelere The King's patriam suam dilacerant et eam delere cupiunt, com- speech munis naturæ sensus, si nulla rationum momenta essent, treason. against non obscure demonstret. Cum omnia ratione animoque lustraveris, nihil patria dulcius invenies. Ulysses Itha-cam suam, in asperrimis saxulis tanquam nidulum affixam, immortalitati anteposuit. Pro patria mortem oppetere gloriosum, cum ea charitates omnium complexa sit. Consecrantur pene ad immortalitatem, qui pro conservandis hominibus maximos labores molestiasque susceperunt. Codrum, Fabricium, et alios infinitos no-bilium greges hominum fama, beneficiorum memor, in concilio cœlestium collocavit. Nunquam de eorum laude et fama aliquid accepimus, qui hostile quicquam in patriam committerent aut regem inimicis suis proderent. Nemo unquam fuit ea immanitate naturæ, ut ejus vitæ insidias faceret a quo nullam injuriam accepisset. Amore singulari vos omnes complector, et ex illo fonte omnes mei dolores redundant. Reperiuntur quidam e nostris hominibus, status et conditionis suæ parum memores, externis ac inimicis prodesse magis quam domesticis et suis utilitatem aliquam afferre cupientes. Quod a meis moribus, cujus ea ratio semper fuit ut lubentius desiderarem lenitatis et mansuetudinis quam severitatis partes agere, multum abhorret, nobilibus regni supplicia infligere, criminis admissi magnitudo ad id efficiendum impellit; ac ne, impunitate sceleris vobis concessa, nobiles reliqui et regni proceres audaciores efficiantur, lictoribus præcipio vos hinc abducere, abductos justis debitisque pœnis affectos mactare."

Cum rerum capitalium quæstores hostes patriæ, regis inimicos, ac perduellionis reos abduxissent, mæsto vultu reliquos nobiles Henricus alloquitur—

The King's address after consigning the prisoners to punishment.

"Adversam fortunam conqueri, non lamentari decet. Me premunt miseriæ et rerum angustiæ, quæ respirare vix sinunt. Nulla fida societas, nec firma et stabilis amicitia, quam regni cupiditas non violet et disrumpat. Quam male metuo ne in multis infidelitates sint, et ad tempus aptæ simulationes, cum viros nobiles, mihi quondam amicissimos, præceps ambitio et regni cupiditas corruperit. Quodnam concepi tantum facinus, ut mortem interitumque inferre cogitarent? Quid aliud mea consilia unquam spectarunt, in quo elaboravi, aut meæ curæ et cogitationes quid aliud voluerunt, quam patriam, optimis legibus et institutis temperatam, aliis nationibus imperantem relinquere? Quam vaga volubilisque sit fortuna, quam varia commutabilisque vitæ ratio, in aliis sæpe, in meipso nuper, expertus sum. Quid miserius, quam ab eis prodi quibus vitam, incolumitatem, ac omnes fortunas tuas committeres? Si patriam læserim, si de commodis civium et tenuiorum bonis aliquid detraxerim, nec devincire hominum inter homines societatem et in medium afferre quod prodesset multis unice semper elaboraverim, nullius supplicii acerbitatem recuso. De vobis singulis non frustra præclaram opinionem me concepisse spero; sed cum tantæ in hominum mentibus latebræ sint, tantique recessus, ut difficillimum sit quid quisque sentiat cognoscere, et frons, oculi, ac vultus multa sæpe mentiantur, adhortor et admoneo ne causam, semel præ-

clare susceptam, deseratis, neve frontis integumentis
sententiam occultetis, si. forte animi vestri a tota causa
abhorruerint. Turpe est et valde inhonestum, perpeti
Gallos in nos insultare et nostris bonis pacate in summo otio nobis invitis perfrui. Parata sunt omnia quibus belli magnitudo administratur; hostem aggredia-
mur, magnis itineribus in Galliam contendamus, qua
devicta, præclara et magnifica nostra erunt trophæa."

Nobiles, quorum incredibilis erat in regis conspectu *The nobles*
frequentia, prostrati ad pedes postularunt, ne quid du- *assert their loyalty.*
rius de quoquam decerneret, antequam in belli ardore
et certamine virtutem et fidem uniuscujusque esset
expertus.

Variæ sunt scriptorum opiniones, quæ res Canta- *Various*
brigiæ comitem et illius conjurationis socios impulerit *opinions on the*
ad id consilium quod de rege interficiendo ceperant. *grounds*
Sunt quibus placet, conjurationem fecisse eos, quod falsa *for the conspiracy.*
opinione comes sibi ipsi persuaserat regnum ad se
perventurum, Henrico occiso. Alii existimant, munerum
corruptelam eos induxisse, quæ Gallorum rex eisdem
promisisset. Propius tamen ad veritatem accedunt
illins opinionis defensionem suscipientes, quæ ambi-
tionem et regni cupiditatem homines honoratissimos ad
facinus concitasse docet. Utile eis videbatur, multum
posse apud suos gratia et auctoritate, vere ut liceat cum
Accio dicere, "Multi iniqui ac infideles regno sunt, pauci
boni."

Cum pacata in regno suo Henricus universa con- *The King*
silio et prudentia effecisset, naves cum exercitu con- *sets sail for France.*
scendit, ac mille classes, e portu solvens, secundis ventis
trajecit. Cum in Galliam Henricus incolumis, una cum
exercitu, classibus appulisset, præconium fieri imperavit, *Hls injunc-*
ne quis deorum templa spoliaret, sacerdotes injuria affi- *tions on landing.*
ceret, inermes vulneraret, pueros læderet, mulieres offenderet, pœna capitis illis præstituta qui regis imperia
non observarent.

Postero die, ex eo loco ubi primum constiterat castra Henricus movet, et Juliobonam, quæ vulgari sermone " Harfleu " dicitur, obsidione capere elaborat, fossa ac vallo cives septos tenere, et aggerem jacere, quo et nostri contra hostium impetus munitiores et ad tela declinanda paratiores essent. In his constituit Cantii et Huntingtoniæ comites, quibus Cornwallum, Graium, et Steuartum adjunxit ; ipse non procul a mari acquievit. Ita prudenter singula disposuit, et in statione sua milites permanserunt. Intus in oppido multi nobiles continebantur. Præfectus prætorio, quem Galli " Connestabilem " vocant, cohortatione suos excitat ad bellum fortiter contra nostros homines gerendum ; cujus dictionis suavitas homines acres ad resistendum Henrico principi animo forti et elato impulit. Præfectus ita sermonem instituit—

" Quod in communi luctu difficillimum est, ad id me impellit et adhortatur non tam mea voluntas quam vestra incolumitas. Adest in conspectu vestro et fere ante portas civitatis fortissimus Anglorum princeps, urbi ferrum et flammam minitans, pestem interitumque patriæ moliens. Castra illius contra civitatem posita sunt ; dux Anglorum notat et designat oculis ad cædem unumquemque nostrum, nisi, deditione facta, ad illius imperium arbitriumque vivere, et eum imperatorem totius Galliæ agnoscere, juramento obstricti voluerimus. Doloris magnitudinem consolatione lenire et mitiorem efficere, majus quiddam est quam de me audeo profiteri. Obsidione cingimur ; hostium animi ad arma capienda erecti. Præclara erit Gallorum laus, omnium sermone celebranda, si in armis se invictos ac in periculis imperterritos ostendant. De imperio decertatur, bellum cum inimicis geritur, omnium fortunæ in discrimen vocantur. Cum Henrico principe certamen omne capitis est, non dignitatis aut honoris. Vestræ rationes tacite admonent, patriæ charitas adhortatur, ne, rebus asperis per-

turbati, externo principi quicquam concedatis ; quam
grave fuerit illius imperia perferre, si bello nos devicerit,
cogitatione informate. In spem adducor, omnem obsidionem hostes relicturos, cum viderint fortissimos
viros contra eorum impetus civitatem diu obsessam
defendere."

Henricus princeps, cum locum exercitui aptiorem
deligisset, qui munitior et tutior superiore in quo
constiterat ei videbatur, priorem stationem deseruit.
Erat locus quem peteret virgultis, spinis, vepreculis,
et sepimentis obsitus. Exercitum Henricus ibi in- The posts
struit: sagittariis praeficitur Edwardus dux Eboracensis; of the English
hunc secuti sunt honoratissimi viri ac domini, Beau- army are
montus, Willoughbeius, et Fanhopus. Mediam aciem assigned.
princeps in hostes induxit ; quem sequebantur nobiles
varii, dux Glocestrensis, Oxonii et Suffolciae comites:
Excestriae dux in postrema acie constituebatur. Is
milites varie collectos habuit, qui non sagittis tantum, sed acutis pilis utebantur. Equites totum exercitum circumibant, ut subsidio essent si quando acies
perturbata inclinaret. Regis omne studium ponebatur,
ne quid deesset quod vel nostros adjuvaret vel hostes
impediret : omnes munitiones excogitabantur, et ne
quid adversi paterentur sagittarii princeps procuravit :
ita aciem disposuit, ut pedites periculo liberarent equites si quando in discrimine essent, hiique praesidium
illis periclitantibus afferrent. Cum milites ad bellum
jam erectos Henricus cerneret, laudare eorum virtutem, et ad majorum dignitatem ac facta impellere, non
destitit—

"Quod diu a Deo praepotente optavimus, id sin- The King's
gulari ejus beneficio consecuti sumus. Nihil unquam exhorta-
majorem dolorem in regni procuratione mihi attulit, soldiers.
quam multorum in amicitiis infidelitas. Me corum
facta dolore affecerunt, cum fronte sententiam occulta-
rent neque id cogitandum putarent quod maxime
cum civium utilitate conjungeretur. Sed abiit illorum

temporum querela; neque par est obductam cicatricem refricare, postquam secunda navigatione in Galliam pervenimus. Vestrum erit præsentis animi consilio uti, non de gradu dejici nec rebus asperis in Gallia perturbari. Me captivum Galli nunquam detinebunt; quicquid fortuna et casus attulerit mihi non recusanti accidet; aut præclare Gallos armis superabo aut prælio victus in bello occumbam. Quis animo forti et elato hostium vires pertimescat, quorum exercitus majores nostri sæpe fuderunt? Nostra monumenta, nostri triumphi, et trophæa de Gallis acquisita, in omnium ore ac sermone versantur.

" Felicitati meæ gratulor, quod dominatio mea in ea tempora inciderit quæ præstantissimos duces pene innumerabiles habuerunt. Nostræ ætatis homines, incredibili robore animi, mortem pro patria subire nunquam dubitarunt. Si pristinam virtutem adhibueritis, propediem, ut spero, Galliam in imperii nostri deditionem redigemus. Me exanimant et interimunt voces illæ quas audio et quibus intersum quotidie, temere ab hominibus incautis et omnia pericula metuentibus emissæ. Nihil necesse est fortes milites quos in Anglia reliquimus evocare, acsi fracta esset spes victoriæ. Multitudine a Gallis, ac non animi magnitudine, superamur. Stultum est et impietatis plenum, plus nostris viribus quam divinæ benevolentiæ et causæ æquitati confidere. Nibil nobis accidit cur de victoria desperemus, si numen divinum, nostris hominibus placatum, inertiam et infractionem animi militibus nostris non injiciat."

Cum Henricus dicendi finem fecisset, ab universo exercitu conclamatum est--" In aciem progrediamur, in hostes irruamus, districtis gladiis eorum latera petamus." Idem quod multitudini placuit, nobiles approbarunt. Henricus, quo tutius cum hoste concertaret, noluit subito in aciem descendere; antequam ergo milites educerentur, provisa fuerunt omnia pericula.

Galli, acsi victoriam comparassent, triumphare gaudio A.D. 1415.
cœperunt et ad omnem animi remissionem descen- TheFrench are con-
dere. Consilium ineunt de captivis redimendis, de fident of
spoliis exercitus nostri diripiendis. Neque hic con- victory.
stiterunt; sed eo prorupit corum audacia, et eam They cast
calamitatem ac casum nostri homines subierunt, lots for their anti-
ut vetita legibus alea eorum vitam luderent. Re- cipated pri-
gem Anglorum per triumphum ducere sperarunt-; soners.
currus adducitur qui Henricum, bello captum, in triumpho portaret. Ncc his ludicris ac ineptiis contenti; They dis-
sed regem Angliæ redimi volunt, antequam in vin- cuss King Henry's
culis esset. Mittunt qui de pretio redemptionis agat ransom.
cum rege nostro; cum id prius decrevissent, captivum
eum detinere, si ea pecunia illius redemptio non esset
facta quam illi libertatis mercedem esse voluerunt.
Gallorum nuntio Henricus regio more fortiter respondet, King
inepte Gallos agere, qui rerum inanium cura se torque- Henry's answer to
rent et ea curarent quæ nihil ad eos pertinerent; their pro-
prudentius acturos, si de redemptione convenirent position.
cum eum bello cepissent. Libere dixit:—" Mihi propositum est, aut armis jus regni inique retentum recuperare [1] Gallos subigere, aut præclare in corum terris
occumbere; ut frustra de redemptione mea facienda a
Gallis nobilibus cogitetur."

Cum Gallis hoc esset nuntiatum, comparant se ad
bellum faciendum, et belluarum more, cum classicum
cecinissent, impetu inconsiderato in aciem procedunt.
Multi ex illis properantes, cum festinatione nihil opus
esset, subsidia quibus in bello uterentur omiserunt.
Cum in conspectu hostes essent, se parumper con- The battle
tinuerunt; sed cum Galli dintius a bello abstinerent, is de- scribed.
Henricus impetum in eos fecit. Primam aciem Hen-
rici principis hostes adoriuntur; verum sagittariorum
opera, fortitudo, et vigilantia effecit, ut facilis pugna

---

[1] *Et* omitted.

nostris hominibus esset ; et sagittarii, extra omne periculum et fortunæ aleam positi, aditus hostium intercluderent. Hostes, vulneribus concisi, animis dejiciebantur, equi eorum vulnerati hostibus equites tradiderunt. Comminus jam pugnare nostri cœperunt ; crevit eorum audacia, nec unquam majores animos nostri exercitus habuerunt.

Stimulos nostris militibus Henrici regis oratio admovebat, et homines natura sua satis acres incitabat, cum molli sermonis genere et mitissimo uteretur, uniuscujusque virtutem laudans et ad fortiter pugnandum impellens. Cum secunda acies Anglorum ad Gallos accesserat, inclinarunt hostes, armis abjectis, refugerunt ; quos tardius a tergo nostri insequuntur, certamine et bello quod acriter gererent impediti. Tanta fuit in Anglis militaris rei disciplina, ut ne aciem perruperint ad ampla hostium spolia detrahenda ; multi e hostibus capti, alii in bello cæsi erant. Henricus eo certamine præstantem ducem se præbuit ; sua manu duos, qui in ducis de Alexia comitatu erant, interfecit, et ducem ipsum deturbavit. Deinde summa contentione postremam inimicorum aciem aggreditur ; qui postquam comperiissent se obsideri, supplices prostrati ad pedes, armis etiam positis, ad fidem imperatoris confugiunt ; cui se ac sua omnia tradiderunt, a summo duce petentes ne quid gravius in eos statueret.

Henrico nuntii significarunt, Gallos ad castra et impedimenta nostrorum militum se contulisse, eadem perfregisse, et multa vi rapuisse. Cum clamor corum qui in castris essent relicti ad regis aures pervenisset, is, majoris tumultus causam reformidans, suis militibus præcepit, quam mature illis mortem inferre quos captivos detinerent ; pertimuit ne, si telum aliquod captivi arripuissent, dominos suos crudeliter interficerent. Gladio et ferro confossi ad unum omnes ; gemitus et dolor audiebatur ; sanguine et cruore omnia prope

posita natabant.   Qui relicta a principe Henrico in A.D. 1415.
castris furto eripuerunt in custodiam tradebantur; et
si immatura mors Dolphino, regis Gallorum filio, non
accidisset, in crucem fuissent sublati.   Instructa adhuc
acie, nostri milites tres Gallorum comites adoriuntur,
qui sexcentum armatos, integra die, clam in insidiis
retinuerunt: armis cum Henrico contendentes vulneribus
affecti perierunt.   Decem millia Gallorum in eo prælio
ceciderunt.

Gravis et luctuosa Henrici victoria visa est; omnis The vic-
nobilitatis splendor in eo certamine fuit deletus, et tory of
Azincourt
lumina totius Galliæ penitus extincta.   Anglorum rex, or Agin-
rebus prosperis et ad voluntatem ejus fluentibus non court.
October 25.
nimis elatus, Deo, cujus clementia tam præclaram
victoriam esset adeptus, gratias egit cum universo
exercitu; omnia quæ esset consecutus præpotentem The King
Deum ei tribuisse, exercitu circumfusus, confirmat. returns
thanks to
Corpora occisorum, paucis interjectis diebus, rege God for the
nostro non repugnante, sepulturæ traduntur; ita tamen victory.
id ab eo impetrarunt, ut prius hostes faterentur se ejus
manu et copiis devictos.   Petit a feciali, quem Galli
ad eum misissent, Henricus, cum castellum jaceret
haud procul a loco ubi esset pugnatum, quid a Gallis
diceretur; quod postquam fecialis aperuisset, rex bellum The battle
hoc, in Gallia gestum et præclare ac feliciter confectum, na ed by
theuKing.
ex loco in quo pugna erat suscepta nomen invenire
et bellum Agincourt vocari voluit.

Variæ sunt sententiæ scriptorum in quos unquam
ipse inciderim, nec quicquam certi literis mandarunt, ex
quo quot e nostris hominibus in eo prælio mortem
subierunt, intelligi possit.   Multis vulneribus acceptis The Duke
dux Eboracensis et Suffolciæ comes animam efflarunt. of York
and the
Dux Glocestriæ graviter vulneratus pro mortuo a suis Earl of Suf-
fuisset relictus, si Henricus princeps, fraterno in eum folk slain:
the Duke of
amore et pietate singulari, corpore suo hostium aditus Gloucester
non interclusisset.   Ducem saucium e prælio auferri, et with difficulty res-
vulneri quod acceperat medicinam adhibere quam cued.

A.D. 1415.
The laments of the learned at Paris.
celeriter, imperavit. Qui literarum studio Lutetiæ illis temporibus vacarunt, civitatis interitum et reipublicæ conversionem oratione lugubri doloris et luctus plena sunt persecuti. Gravis eorum de rebus singulis querela fuit : pestem et facem a nostris hominibus Gallorum fortunis illatam loquuntur, quod magistratus pauperes injuria opprimerent nec ad salutem civitatis advigilarent, princeps incuria et negligentia singula omitteret, quibus regni amplitudo conservari et procuratio ipsa totius gentis præclare geri posset. Hac felicitate
Henry marches to Calais.
Henricus Calletas incredibili celeritate cum suis militibus petit, postquam vulneribus affectos refecisset. Ducis Eboracensis et Suffolciæ comitis cadavera in Angliam deferri regi nostro placuit, justa eis solvi, cum .pompa et splendore humationi et sepulturæ tradi.

Henry's moderation in victory.
Tanta fuit regis temperantia, cum, post adventum ejus, cives Londinenses ludos et spectacula varia instituerent atque ejus felicitati congratularentur, ut ab illis ineptiis oculos averteret, atque in copiosa hominum multitudine magna voce diceret, "Deum optimum maximum, Anglorum commodis consulentem, hostes regnique inimicos subegisse."

Henrici victoria Gallorum principi regnique proceribus dolorem et incredibilem animi ægritudinem attulit. Constituta republica, quæ Gallorum morte deleta fuit, princeps Galliæ comitem Arecomicæ præfectum prætorio
The Count of Armagnac is made Constable.
sive Connestabilem dixit, belloque præfecit. Is se inimicissimum nostris militibus et communem hostem semper præbuit ; dominum Joannem de Corsey eis præposuit qui catapultis in bello uterentur. Thomas dux Excestriæ, Juliobonæ seu Harfleu præpositus, in regiones Normandiæ excursiones fecit ; hunc aggreditur præfectus
The Duke of Exeter is attacked by the Count of Armagnac.
prætorio comes Arecomicæ. Cum iniquo loco diu ancipiti prælio esset pugnatum, nostra acies pedem retulit et inclinavit ; sed postquam se in tutiorem locum milites recepissent, non inferiores hostibus suis videbantur. Multi in utroque exercitu cæsi erant ac vul-

nerati; centum pedites dux Excestriæ amisit, sed major A.D. 1416
Gallorum numerus in ea acie periit.

Sigismondus imperator, qui communione sanguinis The Em-
et cognatione summa cum Henrico rege conjungeretur, peror's
visit.
Angliam de pace acturus petiit. Hunc regie et
magnifice Henricus venientem excepit. Comes Varvicensis et alii nobiles honoratique Caletis adventum ejus
expectarunt. Antequam Sigismondus in portu esset,
Varvicensis comes, una cum his qui ei adjungebantur,
quærit ab eo cur in Angliam pervenisset, tuto licere
sine periculo e navibus descendere affirmans, si benevolo
animo in Henricum esset, aut de pace cum eo ageret.
Honorifice imperatorem omnes receperunt, postquam
eadem confirmasset quæ Varvicensis comes proposuit: The Em-
frustra fuit suscepta omnis de pace disceptatio, et peror fails
in his
imperator in ea componenda repulsam tulit. Dux attempts to
Hollandiæ eo tempore in Angliam trajecit; Windsoriæ mediate.
nobilis equestris ordinis Garterii sodales utrique Is made
Knight of
dicebantur. the Garter.

Cum de pace ageretur, perlatæ sunt ad Henricum
literæ quæ significarunt, Harfleu a Gallis obsideri. Si
per imperatorem non stetisset, rex quam celeriter contra
Gallos iter in armis suscepisset; ab eo persuasus Bed- The Duke
fordiæ ducem, Oxonii Huntingtoniæque comites, præ- of Bedford
and others
stantissimum virum comitem Varvicensem, comitem sent to
Sarisburiensem, aliosque nobilissimos barones ac mi- relieve
Harfleur.
lites in Normandiam trajicere voluit et obsidione
Juliobonam liberare. Classes erant ducentum. Cum
haud procul a portu abessent et classem ad terram ap-
pellerent, prohibiti sunt a Gallis, summa cum injuria,
propius accedere. Bedfordiæ dux, cum fortissimas classes Naval vic-
præmisisset, temeritatem oscitantium ducum repressit tory of the
English at
et Gallos subegit. Nostri milites in eorum classes the mouth
confertissima acie irruerunt, hostiumque vires perfre- of the Seine.
gerunt. Bedfordiæ dux non tam regi amicus quam
imperatori admirabilis videbatur, postquam incolumis
domum rediisset. Sigismondus ea oratione usus est:—

A.D. 1416.
The Emperor's compliment.
"Summa illius principis felicitas, qui præstantes dignitate viros imperio coercet; nec minor subditorum beatitudo, quibus obtigerit in magnanimum principem, omni laude dignissimum, incidere."

Discord in France.
Cum ista gererentur, seditiones et discordiæ inter regni Gallici nobiles ortæ sunt, quæ universam rempublicam labefactarunt. Privatas inimicitias ferro et flamma persequi magis curarunt quam rempublicam tueri ac defendere. Fœdus amicitiæ et necessitudinis imperator cum principe Anglorum iniit. Henricus, non King Henry crosses over to France again.
August A.D. 1417. multo post, infinita militum manu atque grandi pecunia, mare in Galliam trajecit; militum numerus sexdecim mille et centum quatuor fuit; nobiles honorati, regis nutum observantes, dux Clarensis et Glocestrensis, Huntingtoniæ, Sarum, et Suffolciæ comites, barones multi, et varii equites exercitum regis honorarunt. Varvicensis comitis egregia virtus in Gallia fuit, nec in ullo genere veræ fortitudinis Huntingtoniæ comes ci cedebat. Is piratas morte affecit, et tuta sine discrimine ac pacata maria, antequam princeps navigaret, vigilantia et opera sua reddidit.

Siege of Caen.
Cane a nostris ducibus capitur, sed obsidione diu prius facta. Dux Clarensis pontem perfregit, et eos qui in eo essent positi ad hostes repellendos deturbavit, ac ad deditionem compulit. Erroris veniam qui intus in oppido erant consecuti sunt, cum se suaque omnia Henrico tradidissent. In fide atque amicitia Anglorum omni tempore se permansuros confirmarunt. Cum omnes in senatu essent, mortis pœna in multos fuit constituta; alii, ne diutius in servitute viverent, pecunia se redimerunt. Militum suorum virtutem Henricus laudavit, et præmiis amplissimis, pro dignitate uniuscujusque, fortissimos viros affecit: inimicorum spoliis The fortress of Caen is surrendered. ex eo judicio aucti atque ornati decesserunt. Dominus Montaneius, castelli imperator et dux, cedere recusavit, usque eo dum Henricus severissimis verbis sententiam mortis illi ac ejus militibus denuntiaret; nulla

sperata misericordia, si castellum ei non traderetur A.D. 1417. antequam, cuniculis actis, idem everteret et muros perfoderet. Montaneius a principe nostro petiit nonnullorum dierum inducias; quibus transactis, cum nulla a Gallis auxilia mitterentur, castellum regi conceditur. Victor ergo egregius, non civitatis tantum sed castelli et munitionis, Henricus a suis, quos in comitatu habuit, dicitur.

Huic bellum in Normandia gerenti Scoti nocuerunt, *Irruption* ferro, flamma, et populatione agros atque oppida vas- *of the Scots.* tantes ad quæ pervenissent. Homines nefarii in fugam se conjecerunt, postquam dux Excestrensis et alii nobiles exercitum in eos educerent. Archiepiscopus *Public* Eboracensis, qui affecta jam erat ætate, curru vectus, in *spirit of* *the Arch-* aciem cum duce prodiit, ut præsentia sua, amore in *bishop of* patriam, et singulari benevolentia in regem, militum *York.* animi ad fortiter pugnandum magis incenderentur.

Dux Clarensis Bellocasios armis subegit, ubi præ- *French* fectum dominum Matravers reliquit. Dux Glocestriæ *towns* *taken.* Lexovium sine vi aut ulla difficultate cepit; dominus Joannes Kirkbeius miles civitati a duce præficitur. Postquam prudenter in civitate Cane Henricus omnia *Henry* constituisset, et rebus gerendis præstantes viros præ- *moves from* *Caen.* posuisset, inde decessit. Nostri principis fama et virtus egregia multos ci amicos conciliaverat; multi, illius beneficiis affecti, a rege Gallorum defecerunt. Oppida, castella, munitiones, et civitates pene infinitas bello superavit, præclaramque de summis imperatoribus victoriam est consecutus.

Rotomagum obsidione premere properat; quæ civitas, *Siege of* præclare constructa, contra hostium impetus satis *Rouen.* munita videbatur. Diu acriter ibi, summa animorum *A.D. 1418.* contentione, fuit pugnatum; sed nostri exercitus superiores tandem evaserunt. In illa obsidione multa eximia et ad omnem posteritatis memoriam præclara acciderunt, quibus intelligi potuit quanta in Henrico virtus, quam præstans in omni genere excellentia, et

A.D. 1418. quam divina animi moderatio inesset. Fecialem prae-
Summons misit, qui a Gallis peteret ne ad obsidionem Rotomagi
to sur-
render. cum impellerent ; quam celeriter facturus esset, si ejus
voluntati resisterent aut honesta petenti repugnarent.
Tantum abfuit ut de suo jure regis inimici quicquam
ei concederent, ut extrema quaeque prius experiri decrevissent quam externo principi subesse, ejus imperio
flecti et gubernari. Multa impie et crudeliter Galli,
non in Anglos tantum sed in pauperes qui intus in
Prepara- civitate erant, commiserunt. Succisae arbores, vites
tions of the praevalidae amputatae, oppida incensa a Gallis fuerunt ;
besieged.
omnia denique, quae vel ad oblectationem animi vel
ad vitae usus necessaria judicarentur regis inimici,
penitus delerunt.
Henry's Dum Rotomagus oppugnaretur, comes Kilmanensis
forces are fidelem ei operam praestitit atque ex Hibernia multos
increased.
eduxit, qui peracutis telis ac catapultariis pilis inimicos
graviter vulnerarunt, pedum velocitate omnem hostium
vim facile ipsi declinantes. Egregia eorum virtus eo
tempore et obsidione apparuit. Multi Henrico auxilia
miserunt. Crevit durissimis temporibus amicorum multitudo : illis familiariter et benevole in vitae communitate rex usus est, et eorum consuetudine omnes
illorum temporum molestias devoravit. Regis Lusi-
taniae cognatus Henrico multum in eo praelio favebat,
quem copiis auxit. Esset valde iniquum oratione
invida Gallis ea praeripere quae suo jure sibi ipsis ·
assumere, et eorum celebritatem et nominis gloriam
Resolution ab oblivione vindicare, possunt. Cum probe munita
of the
people of esset Rotomagi civitas et rebus omnibus ad belli usus
Rouen. necessariis instructa, juramento se obstringunt gladiis
destrictis in eum incurrere, ac capitali poena afficere
qui de deditione in eorum frequentia verbum faceret.
The siege Ita odiosum illis fuit Anglorum principi servire, ut
is turned optabilius eis videretur fame confici praeclareque in
into a
blockade. media acie occumbere. Postquam ista percrebuissent,
certusque de eisdem rebus ad regis aures nuntius per-

venisset, is statim decrevit homines fortes et plane A.D. 1418.
bellicosos ad deditionem fame compellere. Aditus
omnes interclusit quibus deferri ad cives commea-
tus possent, valla et aggeres jecit, nec quicquam
omisit quod hostium conatus retardaret; nullam mo-
lestiam, dum oppugnaretur civitas, subire aut perferre
princeps recusavit. Hoc alacriores milites ad singula
obeunda effecit, cum eum regem haberent, cui nihil
grave aut perpessu asperum esset quod ad regni
salutem ejusque dignitatem spectaret.

Diu obsidio duravit ; fame et rerum necessariarum
angustia confecti ad deditionem fere omnes inclinarunt.
Cum Christi Natalia instarent, principes civitatis The poor
tenuiores e civitate ejecerunt ; quos Henricus non are ex-
passus est crudelius tractari aut ad mortem detrudi, city.
verum fessos et laborantes rebusque suis desperantes Henry's
erexit, ac epulis repletos recreavit. Dux Burgundiæ
difficilem nostris hominibus oppugnationem reddidit,
quod Rotomagi principes in optimam spem adduxerat
se ingenti manu civitatem obsessam liberaturum ; sed
eos spes hæc et ducis pollicitatio frustrata est. De The be-
pace cum Henrico componenda deliberant ; agunt cum pose t rus
nostris hominibus, qui non longe a mœnibus civitatis
consisterent, precarioque contendunt, ut eligerentur ex
probatissimis viris aliqui quorum magna esset auctoritas, quo melius de rebus singulis cum illis discep-
tarent. Si id nostris principibus non displiceret, quin
brevi futura pax esset non dubitarunt. Huntingtoniæ
comes dominum Gilbertum Umfrevillum militem designat, qui cum Gallis sermonem conferat et eorum consilia cognoscat : huic Galli petitiones suas ac postulata
enarrant, se vehementer cupere cum rege colloqui, si
tutus sine periculo aditus pateret. Dux Clarensis
quique regi erant a consiliis rem omnem ad Henricum detulerunt. Is, qua erat clementia, noluit corûm
preces aspernari, aut cum honeste petitionem ador-

narent, de eadem eos dejicere. Umfrevillus Gallos evocat, quos de incolumitate sua certiores reddit.

Unus ex omnibus quos Galli legatos designarunt eligitur, qui causam communem omnium ageret : is libertate sermonis temere utebatur, et quod obscurum esse non potuit explicabat. In juris studio multum profecerat, sed secum, non cum aliis loqui, didicit. Postquam ad colloquium ventum esset, ita exorsus est—

"Magna admiratio me tenet, princeps nobilissime, quid in mentem tibi venerit, aut quæ res impulerit Rotomagum oppugnare, ferro ac bello lacessere. Si injuriam tuis subditis nostri cives intulissent, justa causa fuisset oblata ne multam eam patereris ; sed cum in omni vita nihil aliud nostræ civitatis hominibus fuerit propositum quam pacate in otio cum dignitate rempublicam administrare, nisi valde excors esses et amens, ac omnem humanitatem exuisses, nunquam contra Rotomagi cives arma susciperes. Multa sunt tua in nostros cives scelera, et extant crudelitatis expressa vestigia. Siccine par est cum infimis hominibus, rei familiaris implicatione et rerum ad vitæ usus necessariarum angustia oppressis, agere? Est certum inhumanitatis argumentum, aditus intercludere, vias munire, et armatis militibus omnia obsidere, ne quod pateat iter in quo sine discrimine ac vitæ periculo insistant. Fateare una mecum, te ignorare quid victorem deceat. A dignitate regis multum abhorret, homines egestate et scelere perditos ad mortem mittere. Da humanitati, cujus vestra natio studiosissima dicitur, quod nobis postulantibus hucusque denegasti. Exeant sine metu miseri et pauperes homunculi quos civitate ejecimus ; neve, princeps nobilissime, unquam in Gallia committas, quod vel infamiam tibi conflet aut majorum tuorum nobilitatem obscuret. Mihi crede, non est victoriam temperare in miseros homines sævire. Hoc est vere vincere, jacentes extollere, inimicis ignoscere, eorum

fortunas qui minimum possunt amplificare, non famem A.D. 1418.
miseris civibus inferre."

Quæ temere et imprudenter Gallorum legato excidis-
sent, oratione infirmare Henricus noluit, sed homini
imperito ita respondet—

" Ignorare Galli mihi videntur, quid belli ratio, æquis- The King's
simo jure, summis ducibus semper concesserit. Cujus answer.
æquitas non patitur, qui superiores evaserint, ut victis
potius ad alterius præscriptum quam ad suum arbi-
trium imperent. Omnium gentium arma contra me
unum excitarem, si privato consilio, non publico consensu, bellum denuntiassem. Benigne et clementer omnia me administrare nemo est qui non intelligat, cum
fame potius quam flamma, ferro, aut sanguine, Rotomagum ad deditionem perpello. Vestra crudelis, im-
pudens, et immoderata inhumanitas meorum hominum
humanitatem inquinaret, si ad omnia ejus officia non
propenderent. Quid enim crudelius quam tenuiores per
summum scelus civitate expellere, ac hostibus suis
objicere? Quod vivunt, quod lucis usura fruuntur et
spiritum communem ducunt, meæ clementiæ, non
vestræ mansuetudini, acceptum referant. Nullam duris-
simæ servitutis conditionem recusabo, potins quam
subditi mei aliquid detrimenti patiantur."

Hæc principis oratio mœstitiam Gallis attulit : petunt A truce
ab eo octo dierum inducias ; quas Henricus, singulari granted.
pietate et misericordia commotus, non gravate eis concessit. Castra tria posita, ubi convenirent ac de rebus
universis consilium salutare capercut. Commissionarii Commis-
Anglorum designantur Sarisburiensis, et, præstante dig- sioners ap-
nitate ac alta quadam mente Varvicensis, comites ; pointed.
dominus Fitzhugh ; milites varii, Gualterus Hungar-
fordus, Gilbertus Umfrevillus, et Joannes de Vasques
de Allamond. Galli ei negotio præfecerunt proceres suos
in quibus maximam spem reposuerunt. Transactis indu-
ciarum diebus, re infecta commissionarii decesserunt·
Sed cum Gallis in mentem veniret quanto in odio

apud multitudinem versarentur, petunt ut induciæ usque
ad solis ortum manerent. Nobiles ac magistratus multi-

Delibera-
tions held
within the
city.

tudo pauperum voce vulneravit. In eos impetum fecisset,
si de pace cum Henrico componenda in spem plebeculam
illam magistratus non adduxissent. Plebeiorum conventus instituuntur; a quibus quærunt magistratus num
Anglorum principi tradi civitatem placeret. Multitudini
optabilius videbatur servire quam fame confici.

Iterum inducias quatuor dierum impetrarunt; ex pacto
imperatores belli regi se submiserunt, arma abjecerunt.
Civitati Henricus tributum imposuit; ex Rotomago
triumphare voluit, gloriosum duxit illam urbem in

Surrender
of Rouen.

triumpho portari. Postquam municipes civitatis claves
portarum ei tradidissent, Deum, quem tantæ victoriæ

A.D. 1419.

effectorem agnovit, hymnis et omni landis genere statim
est prosecutus. Bello eversa exædificari curavit; possessiones multorum annorum movere noluit, si ejus
imperio obsequi ac obtemperare non detractarent qui

Successes
of the Earls
of Salis-
bury and
Warwick.

hereditatibus eas tenerent. Sarisburiensis multas in
Normandia et Gallia civitates vi armisque cepit. Varvicensis comes urbes oppugnavit varias, et dux Excestriæ egregiam principi suo operam præstitit.

Embassy
from the
Duke of
Burgundy,
&c.

Galli adversam fortunam conqueri cœperunt, cum
ommia ruinis ac incendiis essent eversa. Burgundiæ dux
auctoritate multum illis temporibus apud regem Gallorum valuit, nec ignoravit ejus temeritate Galliam in
calamitates devenisse: decrevit idcirco quam celeriter ad
Henricum legatos mittere, qui, pace constituta, cum
cum Carolo Galliæ tunc imperante in gratiam redu-
cerent.

The Earl of
Warwick
is sent on
an embassy
to the Duke
of Bur-
gundy.

Varvicensis comes a principe eligitur, qui de rebus
singulis cum duce Burgundiæ deliberaret. Is in comitatu habuit ducentum equites, honesta familia, quorum majores in maxima laude fuissent. In medio itinere
comitem adoriuntur perfidi ac rebelles Galli, qui propo-

Duplicity
of the Duke.

suerunt fortunis cum spoliare. Henricus valde mitem
et moderatum se præbuit hostibus suis, cum cupidius

Burgundiæ dux pacem ab eo efflagitaret: illius tamen A.D. 1419.
perfidia effecit ne regum animi ad pacem inclinarent.
Angli bello lacessere Gallos non destiterunt; clam in The war is continued.
incautos ac improvidos hostes fortiter invadunt, urbes
diripiunt, et tecta evertunt. Pontyse capitur ; sed acris
pugna in illius expugnatione orta est. Anglorum acies
pedem retulit ; quam inclinantem Huntingtoniæ comes
restituit et subsidiis firmavit.

Eo tempore in gratiam rediit Dolphinus cum duce Apparent reconcilia-
Burgundiæ ; sed inerat in ea familiaritate infidelitas. tion of the
Qui ex Hibernia ad Henricum regem confluxerunt, Dauphin
maximas molestias Gallis exhibuerunt ; quos bonis and the Duke of
spoliarunt, et liberos eorum vi ereptos, Anglis, postquam Burgundy.
de pretio esset conventum, in servitutem tradiderunt.
Invicta fortitudine tandem avita patrimonia Henricus Henry's
recuperavit, quæ Galli a morte Joannis Anglorum regis final suc-
usque ad illa felicia imperii tempora possederunt. cess.

Cum fere jam principis exercitu omnia essent eversa, Peace pro-
petunt ab eo ne pacem repudiaret, qui sponte sua posed.
tranquillitati consuleret et pacem concupisceret quæ A.D. 1420.
nihil insidiarum esset habitura. Placuit universo senatui
utriusque gentis præstantissimos viros eligere qui principes reconciliarent. Angli præstantissimi quiqui desig- The Eng-
nantur, dux Excestriæ, Sarisburiensis comes, episcopus lish com-
Eliensis, dominus Fanhopus, dominus Fitzhugh, dominus missioners.
Johannes Robsartus, dominus Philippus Hallus, milites.
Omnem belli flammam commodissime extingui posse illis The terms.
videbatur, si Henricus Katherinam uxorem duceret ;
post Caroli, Francorum regis, obitum heres totius Galliæ
institueretur ; coronam, diadema, ac omnia imperii illius
insignia vindicaret ; totius Galliæ, Carolo in vita adhuc
manente, procurationem curamque gereret ; cum regem
agnoscerent universi, juramento obstricti ; nobiles, eccle-
siastici, plebei, et municipes uniuscujusque civitatis in
Henrici imperio ac dominatu acquiescerent. Hæc pacta
utrisque placuerunt. Burgundiæ dux juravit, se arma
nunquam suscepturum contra Angliæ reges ; idem fac-

A.D. 1420. titarunt alii nobiles et Galliæ proceres : sic rerum omnium sperata diu tranquillitas summa secuta est.

The King's illness. A.D. 1422. Henricus, quem belli asperitas et fortuna nunquam dejecit, in gravem et perdiuturnum morbum incidit ; cujus magnitudo ita crevit, ut de principis salute omnes desperarent. Rex ipse, cum haud procul a morte abesset, convocatis nobilibus, ita locutus est—

His speech, when dying. "Non minori curæ mihi semper fuit, honoratissimi viri, qualis respublica post mortem interitumque meum esset, quam ut prospere feliciterque universa succederent dum ipse in vita manens gubernacula tractarem. Pungit dolor, stimulos admovet, et exest animum ægritudo : sed quamvis morsus illius acres sint, in oratione tamen, quæ de reipublicæ comparatione futura sit, omnes molestias deponam. Anglia nostra in otio cum dignitate diu victura est, si ad incolumitatem civium magistratus advigilaverint, juris æquabilitatem retinuerint, et miseros homines injuria non oppresserint. Vestra dignitas florebit, omnium oculos ad se convertet præclara et admiranda rerum optimarum cognitio, si prudentia et consilio in vitæ communitate universa administretis. Gallos, Angliæ infestissimos, bello superavimus ; præclara sunt nostra de multis et summis hominibus trophæa : sed nisi diligens cautio adhibeatur, Galli subito eripient quæ sine multorum sanguine nunquam acquisivimus. Cura omnis ponenda, ne discordiis distracti rempublicam dissipetis. Disscusio regni venenum, cujus præsidia labefactat.

" Vestræ fidei regium puerum, filium meum, optimis artibus informandum commendo et trado. Curandum diligenter ne ad turpitudinem dilabatur. Indignus erit principatu, si ministrum voluptatis se præbeat aut perditorum hominum benevolentiam et familiaritatem consectetur. Duces quos bello cepimus in vinculis detineantur, donec filius meus confirmata sit ætate ; ne, si dimissi fuerint, corum scelus et perfidia Angliæ multa detrimenta importet."

Regem cum suis nobilibus colloquentem mors oppres- His death,
sit. Nobiles, qui prius promiserant regi ea quæ præ- 31st Aug.
cepisset re ac factis præstare, lacrymis et dolore omnia A.D. 1422.
complerunt, quem immatura Henrici principis mors
illis attulit. Rex occubuit et summam fatalem confecit
1422.

SINE SANGUINE NULLA TROPHÆA.

FINIS.

VERSUS RHYTHMICI

DE

HENRICO QUINTO.

VERSUS RHYTHMICI

DE

HENRICO QUINTO.

INTENTIO AUCTORIS, EDITA AD LAUDEM DEI ET COM-
MENDATIONEM REGIS HENRICI QUINTI.

AD Salvatoris laudes, titulos et [1] honoris
Nobilis Henrici Quinti, pietatis amici,
Versibus his prodam quod feci tempore quodam,
Sub modico tecto pausans in paupere lecto,
Regem præsentem quasi cernens, meque videntem ;
Utque loquens secum pensavi talia mecùm.—
Regis natalis locus extat ubi specialis ;
Quando fuit natus ; post quomŏdo morigeratus ;
Qualiter expresse Princeps, Dux, et Comes esse,
Promeruit tandem sortem sibi patris candem.
Ad mentem capta descriptio corporis apta :
Ipsius et mores, actus pariter meliores :
Hospitium quale manet ejus, ut imperiale :
Perfidiæ jura quod [2] sit sub eo peritura.
Rex operando bonum sanctos patres imitatur,
Westensemque domum renovat, juvat, et veneratur.
Ista revolvebam per me dum solus agebam ;
Tunc cœpi fari modicum, sic versificari.

The au-
thor's in-
tentio
to write
the praises
of King
Henry V.

10

---

[1] An error, no doubt, for *honores*.　　[2] An error for *sint*.

VERBA AUCTORIS HUMILITER PROPOSITA DOMINO REGI HENRICO V^{TO}.

Prefatory
words
addressed
to the
King.

Cor, caro, vox, et amor, bone Rex meus, [1] es, et
    clamor
Internæ mentis, Anglorum rex bone gentis ;   20
Inclite, salve, Rex, bene sit tibi, vive, vale, Rex,
Justitiæ judex, miserator et optime tu Rex.
Rex venerabilis, aptus, amabilis, es reverendus,
Moribus, actibus es probus, omnibus et metuendus,
Formula Regibus es que baronibus ; ecce! tua vi
Ecclesiæ status est potis, et ratus arte sua vi.
Omnibus utilis, omnibus affluis in bonitate,
Tu bona diligis et mala corripis, euge, beate !
Tu miserando, compatiendo, fers pietatem,
Jura tenendo, vera docendo, fers probitatem.   30
Militibus, simul armigeris, dignus dominator,
Divitibus, sic pauperibus, mitis moderator.
Sint tibi gratia, pax, sapientia, copia rerum ;
Sint tibi prospera, sint tibi tempora longa dierum.

DE NATALI DOMINI REGIS HENRICI V^{TI}, ET QUOMODO FUIT EDUCATUS ET NUTRITUS.

The birth-
place and
education
of the
King.

Ortus ab Angligenis, Rex nobilis, in Monemutha,
Patria Walligenis—urbs hæc tua floret alumna.
Natus in Augusto fueras, infans reverendus,
Velle Dei justo tu Cæsar noster habendus.
In primo flore productus dogmate claro,
De studii more, de morum stemmate caro,   40
Non traheris vitiis, somno, que gula graviori
Temporibus variis, sed subdis membra labori ;
Utpote venari, falconibus et recreari,
Undis piscari, vel eques ve pedes spatiari.

---

[1] *Est* in orig.

His exercitiis teneros annos tennisti,
Doctis consiliis seniorum teque dedisti.
Postea provexit te Richard Rex et amavit,
Dum regnum rexit, sibi dum fortunaque favit;
Et te nutrivit sub honoris fœdere factum,
50 Ac insignivit, tibi donans militis actum.
Ex hinc Cestrensis Comes et Dux Cornubiensis,
Princeps Wallensis, regni decus Angligensis.
Sic exaltatus, tanto sub honore locatus,
Jamque coronatus, Rex noster es ipse sacratus.

De Coronatione Regis Henrici Vᵀᴵ apud West-monasterium, Dominica in Pascha Domini.

Te Regem vero Deus elegit, Deus unxit,
Et regum numero te Christi Passio junxit;
Luce sub Aprilis nona, per quam meruisti
Tu, Rex sublimis, populum defendere Christi.
M.CCCC. deca-tertius astra movebat
60 Annus Verbigenæ, tuns XX. sexque patebat.
Tunc præclara fuit tua regni regia sedes;
Westensis tonuit per cantica nobilis ædes.
Curia regalis micat ornatu radiante,
Gloria mensalis non splendidior fuit ante.
Angelus in specie residebas, Rex decoratus,
Illa quippe die vultus tibi valde beatus.
Denique quod Christi laudi, quod Regis honori,
Rex bone, fecisti, simul et quod plebis amori.

The King's
coronation,
9th April,
A.D. 1413.

Descriptio formæ corporis domini Regis . Henrici Vᵀᴵ.

Formæ regalis descriptio fit manifesta,
70 Quæ sequitur talis. Capitis sibi sphærica testa,
Magni consilii signum, que viri sapientis.
Hæc est principii bona res, laus prima regentis,

Description
of the
King's per-
son.

E

Signat frons plana Regis quod mens bene sana.
Plani sunt illi, bruni, densique capilli,
Nasus directus, facies extensa decenter;
Floridus aspectus et amabilis est reverenter.
[1] Clare lucentes oculi, subrufe patentes,
Pace columbini, sed in ira sunt leonini.
Sunt nivei dentes, æqualiter et residentes,
Formula parvarum que decens est auricularum;   80
Et mentum fissum, collum satis undique spissum, ·
Concurrente nota, cutis ejus candida tota.
Non sunt inflatæ fauces, albedine gratæ,
Quarum pars rosea, sed labia coccinea.
Sunt bene formata sua membra que consolidata
Ossibus et nervis, sine signis ipsa protervis.
Vivat Rex talis, cui gratia spiritualis
Jam pacis dona det que futura bona.   AMEN.

DE MORIBUS REGIS HENRICI Vᵗᴵ, ET DE GESTIS EJUSDEM.

His manners and deeds.

Metrice jam referam, quod adhuc superesse videtur,
In laudem veram Regis quod fama fatetur.   90
Rex in divinis fore devotus perhibetur,
Et caput et finis inter divina tenetur.
Qualibet hebdomada culpas confessio mundat,
Et sic multimoda virtus regalis abundat.
Dum missas audit illum clam cellula claudit;
Dulciter implorat, tunc et devotius orat.
Externas curas, præsentes sive futuras,
Tunc non disponit, in Christo spem quia ponit.
Escam vel potum ventri non sumit abunde
Ad plenum votum, trahitur quia mens aliunde.   100
Plurima pauperibus Rex munera dat pietatis,
Et sacris precibus addit jejunia gratis.

---

[1] *Clari* in orig.

Noscere si vultis inopes quos ipse refovit,
Hoc patet in multis, ut Thewekesburia novit.
Sub vestis cultu regalis dignus haberi
Rex, constans vultu, jubet acta faceta teneri.
Verbis pacificus, litis Rex est inimicus,
Mitis, ¹morosus, nunc vivax, nuncque ¹morosus.
Raro promittit, nec fit promissio ficta ;

110   Et si promittit, tunc vix revocat sua dicta.
Urbes, castra parat, renovat, fundat loca sancta.
Actio declarat sua se, devotio tanta ;
Presbyteros faciens sub honesta vivere forma,
Professos cupiens sub sacra degere norma.
Et juratores exterminat omine tristi,
Nam fœdat mores carnis laceratio Christi.
Ipse libenter amat, juvat et causas mulierum,
Si quis ei clamat pro matre Dei, scio verum.
Regnum rimari facit et patrias peragrari,

120   Singula scrutari, post æqua lance librari.
Plebis prædones et in insidiis latitantes
Archilatrones, murdrantes, mansa cremantes,
Damnat, suspendit, et iniquis sæva rependit.
Justos defendit dum pravos sic reprehendit.
Arcus, petrarias grossas parat, atque sagittas,
Enses et tela, que secures, per mare vela.
Pro regni jure, pro spe pacisque futuræ
Fundens thesaurum, bellantibus aggregat aurum.
Noxas perdonat veteres in Parliamentis ;

130   Regis laus resonat per singula sic loca gentis.
Libros sæpe legens curæ se tradit honestæ,
Fortis et arcitenens fugat otia Rex manifeste.
Sic non carnosus est nec pinguedine crassus,
Sed vir formosus, vix aut eques aut pede lassus.

---

¹ Sic in orig.

DE HONESTATE HOSPITII DOMINI REGIS ET MINIS-
TRORUM EJUS.

The praises
of the
King's
household.

Est ut odor nardi sed et hospitium bene sanum;
Non ibi Lollardi, non est ibi digna [1]profanum,
Psallit plena Deo cantoribus ampla capella,
Carmine sidereo laudabilis est ea cella.
Nemo vacat nugis, post vocem concito claram,
Sed precibus jugis intentio spectat ad aram.   140
Quod Christi christum Rex diligit hæc sibi testes,
Ad pretium multum sunt pallia, vascula, vestes.
Nulla repulsa bono, famulique sunt generosi,
Tota quippe domo mores hominum pretiosi.
Plaudit lætitia prandentibus aula serena;
Omnibus officia sunt rebus, et undique plena.
Tota domus redolet Regis nunc tempore sani,
Ut redolere solet quondam laus Octaviani.
Quisque venit, si digna petit de munere Regis,
Lætus abit, si justa sapit de pondere legis.   150

DE PROPOSITO LOLLARDORUM ET ALIORUM CONTRA
REGEM ET REGNUM.

The de-
signs of the
Lollards
and others
against the
King.

Rex regnum totum fovit virtute, vigore,
Pravorum motum pressit feriente rigore,
Heu! Lollardorum gens perfida, fraude repleta,
Finibus Anglorum corrupit tempora læta.
Crimine lethali proponunt pessima fata,
Sacro Natali produnt mala præmeditata.
Henricum Quintum Regem tenuisse putarunt;
Nequiter et vinctum, post occidisse pararunt
Regem devotum, Regem justum, generosum,
Innocuum totum, mitem, largum, speciosum.   160

---

[1] Query, if this word should not be *turba? profanum* being looked upon as a contraction by Synæresis of *profanorum.*

Quosdam prælatos statuerunt exoculare,
Altius et natos proceres tunc decapitare.
Religiosa manus opus et[1] servile patraret,
Nemo nisi vanus apud illos presbyteraret.
Omnis in exilium frater pauperculus iret;
Sic Evangelium, sic sacrum dogma periret.
Regnum, cum clero, turbantes præpete gyro,
Falsum pro vero docuerunt famine miro.

QUOD DEUS LIBERAVIT REGEM ET REGNUM DE POTESTATE EORUM.

O! Regem qualem voluit pars prava necare!
170   Sed tantum talem poterat non suppeditare.
Nam campum tenuit Rex extra mœuia Bruti;
Pacem sic meruit plebs, cives undique tuti.
Sic pugil ecclesiæ, patriæ protector ubique,
Miles Messiæ, domitor fit gentis iniquæ.
Fulsit stella Dei, veniunt Regesque Sabæi,
Et Rex Anglorum Regem salvavit corum.
Petrus et Edwardus clerum, regnum tueantur;
Neuter erit tardus succurrere, quando rogantur.
Pastor, Petre bone, bone Rex, Edwarde, patrone,
180   Jugiter Henricum vestrum servetis amicum.
JAM SPECIALIS, JAM GENERALIS PORTIO LAUDIS,
REGIS HONORI PARCE PRIORI. FINIT, UT AUDIS,
GRATIA PRIMA : MUNERA REGIA SEMPER ABUNDA
WESTMONACHIS DATA SUNT, BREVITER SATA, PRECE
SECUNDA.

The Divine deliverance of the King.

---

[1] Query, if not *uti*

Comparatio quædam domini Regis ad sanctos ac venerabiles patres præcedentes.

The King
compared
with holy
and great
men.

Mente libet sapere quod vellem sæpe videre,
Et cor delectat ubi visus non modo spectat.
Quicquid habes, quid eris, dat Christus dum pie
  quæris,
Rex tibi de cœlis. Tu Joseph valde fidelis;
Ut David es, vere Dominum discendo timere;
Fama repleta bonis tua stat ritu Salomonis.   190
Ætatis flore Jonathas es, Tullius ore,
Absolon in vultu; tu sobrius ¹atque tumultu.
Convenit et pura tibi corporis apta statura.
Regni protector, ut Sampson fortis et Hector,
Tu dux devotus, veluti Moyses bene notus,
Zelator Phinees, fidei tu cœlicus hæres.
Tu, regale genus, urbanus ut ille Gawenus,
Dapsilis et largus, tu circumspectus ut Argus.
Mundi thesaurum, tibi Crœsi det Deus aurum!
²Mathusalæ vita longa tibi sit ita!   200
Non ut adulator loquor hæc, sed verus amator,
Et tuus orator, bone Rex, tuus et venerator.
Ergo, quæso, bone, sine me, mi Rex que patrone,
Ut rem veridicam confratribus ordine dicam.

De multis et magnis beneficiis per Regem ecclesiæ Westmonasterii concessis.

His boun-
teous gifts
to the
church of
Westmins-
ter.

Denique quid fecit monachis Westensibus, ecce!
Rex hic profecit, sua dans specialiter et se.
Talia, tanta bona nullus Rex, tot pia dona,
In regni primo sic nobis contulit anno,

---

¹ Query, if not properly *absque*.   ² This line is probably intended for a Pentameter.

Ut Rex iste bonus, bona semper ad omnia pronus,
210   Henricus Quintus, bonus exterius, bonus intus.
Nemo, sum certus, nisi nobilis ille Sebertus
Et Christo gratus Edwardus sanctificatus,
Tam cito, tam sane nos provexit, scio plane ;
Ut clare pandam per pausam tempore quandam.

DE ANULO QUEM REX RICARDUS II^{DUS} DEDERIT SANCTO
EDWARDO, PER REGEM HENRICUM V^{TUM} RESTITUTO.

Huc regale prius ablatum tempore munus
Reddidit iste pius. Donum fuit anulus unus,
(Gemma rubens inerat ad marcas mille valoris,)
Quem Richard dederat -Edward, signo sub
honoris.

DE MILLE MARCIS AD OPUS ECCLESIÆ WESTMONASTERII
PER REGEM DONATIS.

Et marcas totidem dedit ecclesiæ reparandæ
220   Rex, annale quidem munus bonitatis amandæ.
In qua Regalis cunctis claret sua sedes,
Postea sponsalis tumbæque suæ patet ædes.

DE GRANDI CERVO QUEM REX MISIT ECCLESIÆ
WESTMONASTERII.

Quid dicam tandem brevis hujus carmine metri ?
Rex cervum grandem dedit huc ad Vincula Petri.
Hunc proprio tractu, reliquorum cæde relicta,
Veloci jactu transfoderat ipse sagitta:

Quomodo Rex Henricus Quintus transtulit corpus Regis Ricardi Secundi a Langle ad Westmonasterium.

Re-inter-
ment of
Richard II.
at West-
minster.

Inde sepultura Regis translata Ricardi
Solemni cura, per Regem, fit Leopardi.
A Langaleya corpus Regale levatur,
Et cum Regina tunc in Westmynstre locatur.   230

De toto apparatu altaris per Regem dato incluso Westmonasterii.

His gifts to
the altar.

Jugiter inclusus fundit pro Rege precatus ;
Contulit ornatus cui Rex altaris ad usus,
Qui diversarum rerum sunt voce notati.
Cum donante dati novus annus fit dator harum.

De duobus libris pretiosis et sceptro Reginæ restitutis ecclesiæ Westmonasterii.

Restores
two books
and a
sceptre.

Psalterium carum, sic Flores Historiarum,
Restituit gratis ad Westm[mynstre] vir pietatis.
Sceptrum Regale pro Regina speciale,
Quod tenuit pridem, Rex reddere jussit eidem.

De gratiosa restitutione fugitivorum extra sanctuarium Westmonasterii captorum.

Restores to
certain
fugitives
their right
of sanc-
tuary.

Quatuor inde viri, qui nuper erant fugitivi,
Excessere sacri metas Westensis asyli.   240
Libertate frui sub carceribus nequeuntes,
Jussit restitui Rex hos quasi pereuntes.

DE REFORMATIONE PACIS INTER ECCLESIAS CANTUARIÆ ET WESTMONASTERII PRO OBLATIONIBUS.

Ecclesiis Christi pacem cupiens quoque Petri,
Dat finem liti, pro qua pars utraque niti
Cœpit, cum pœna, sibi quærere commoda plena
Rebus in oblatis, per tempora longa negatis.
Rex jam sedavit litem, pacem reparavit,
Papaque firmavit hoc quod Rex ipse patravit.

*Recon-
ciles the
churches
of Canter-
bury and
West-
minster.*

QUOD REX GRATIOSE SUSCEPIT ECCLESIAM WEST-MONASTERII IN SUAM PROTECTIONEM.

250

Undecimi mensis abiit mediante vocale
Abbas Westensis ad Concilium Generale.
Postulat a Rege firmare vices gradientis
Abbatis lege; Rex complet vota petentis.
Et sic prælatus Abbas noster pius extat
Hic Rex tam gratus, qui nobis tot bona præstat.
Ecclesiæ jura conservat ad utilitatem
Pervigili cura, monachos movet ad bonitatem.

*Takes the
church of
Westmin-
ster under
his protec-
tion.*

DE VERBIS GRATIOSIS DOMINI REGIS APUD TURRIM LONDONIÆ AD MONACHOS WESTMONASTERII.

260

" Vestram vos scitis," Rex, "diligo," dixerat, "ædem,
" Ex justis meritis regni summam quasi sedem.
" Quam pastor tantus sibi Petrus sanctificavit,
" Edwardus sanctus in ea requiem sibi stravit.
" Hanc in amore meo statui, dum carne calescam,
" Atque volente Deo, defunctus ibi requiescam.
" Jus est ergo satis me vos ut ametis amantem,
" Ac deposcatis mihi Christum propitiantem.

*His gra-
cions ad-
dress to
the monks
of West-
minster.*

" Et quia sum vobis fundator, Rex, que patronus,
" Debetis nobis quilibet esse bonus."[1]

A general commen-dation of the King, and prayers for his welfare.

O ! Regis quanta bonitas ! pietas generosa
In vultu tanta ! dulcedo deliciosa
In verbis, factis, aliis multis quoque rebus :
Nusquam transactis vidi meliora diebus.   270
Laude pia digna de Regis mente benigna
Proficiat, Christe, rogo semper, Rex bonus iste.
Rex pius et mitis, in mundo multiplicetur,
Postea pro meritis in cœlis glorificetur.

ISTA COMMEMORATIO QUOTIDIANA DICATUR PRO DOMINO
REGE, POST HORAS NOCTURNAS ET DIURNAS DE
VIRGINE MARIA.

PSALMUS : Exaudiat te Dominus. [etc.]
PSALMUS : Domine, in virtute tua. [etc.]
PSALMUS : Deus misereatur. [etc.]
ANTIPHONA : Unxerunt Salomonem Sadoch sacerdos
et Nathan propheta Regem in Syon, et ascendentes
læti dicebant, 'Vivat Rex, Vivat Rex, Vivat Rex in
æternum.' 'Kyriel.' 'Kyriel.' 'Kyriel.'[2] Pater noster.
[etc.] Et ne nos. [etc.] Domine, salvum fac Regem.
RESPONSUM : Et exaudi nos in die qua invocavimus
te. Salvos fac servos et ancillas tuas.
RESPONSUM : Deus meus, sperantes in te. [etc.] Fiat
pax in virtute tua.
RESPONSUM : Et abundantia, etc. Dominus vobiscum, et cum spiritu tuo.
ORATIO : Quæsumus, omnipotens Deus, ut famulus,
Rex noster, qui tua miseratione suscepit regni guber-

---

[1] This line is probably intended for a Pentameter.   [2] *Kyrielcison.*

nacula, virtutum etiam omnium percipiat incrementa, quibus decenter ornatus, et vitiorum voraginem devitare et hostes superare, et ad Te qui via, veritas, et vita es, gratiosus valeat pervenire. Per Dominum nostrum Jesum Christum, Filium tuum, qui. [etc.]

ORATIO : Rege, quæsumus, Domine, famulos et famulas tuas, et, intercedentibus omnibus Sanctis tuis, gratiæ tuæ in eis dona multiplica, ut, ab omnibus liberi offensis, et temporalibus non destituantur auxiliis et sempiternis gaudeant institutis. Per Dominum. [etc.]

ORATIO : Deus regnorum omnium, Regum, que dominorum, qui nos et percutiendo sanas et ignoscendo conservas, prætende nobis misericordiam tuam, ut, tranquillitate pacis tua potestate firmata, ea semper ad remedia correctionis utamur. Per Dominum. [etc.]

ELMHAMI LIBER METRICUS

DE

HENRICO QUINTO.

ELMHAMI LIBER METRICUS

DE

HENRICO QUINTO.

AD HONOREM Beatissimæ Trinitatis et ad præsentium et futurorum notitiam, ut pateat veritas rei gestæ ab obitu inclitæ recordationis illustrissimi principis, Domini Henrici, Regis Angliæ post Conquestum hujus nominis Quarti, inferius metrice compositus sequitur codicillus; ut possit memoriæ tenacius adhærere et brevius delectare legentes, necnon de victoriosissimi principis, Domini Henrici, Regis Angliæ, hujus nominis Quinti, primogeniti et successoris ejusdem Henrici Quarti, triumphali constantia reddere certiores.

Non tamen omnia quæ sunt facta per ordinem in hiis versibus continentur, quæ in alio libro prosaice studui explanare. Sed pauca de multis substantialia sub compendio volui annotare; ne forte lectorem contingeret tædio omittere quæ sunt necessario memoranda. Qui enim contemporanei de chronographia cum regibus et principibus perpenduntur scriptores, quamvis non debeut illorum temporibus omnia et singula manifeste referre quæ notant, est tamen expediens populis de principum et dominorum gratifica maturitate habita

informari ; cum certum sit, teste Gregorio, quod ita
sibi invicem dominorum et plebium merita connec-
tuntur, ut sæpe ex merito dominorum vita plebium
efficitur melior ; quod etiam e contrario a populis in
dominos evenire contingit. Ut igitur affectio populorum a servandis principum et dominorum amore et
reverentia debitis non recedat, sane explananda subjectis
sunt facta laudabilia dominorum.

Hoc tamen realiter rennit faciendum prætactus Chris-
tianissimus ipse princeps Rex noster ; vix mihi volens
condescendere qui [1] hæc scribo, ut, solerti scrutamine
nobilium qui interfuerant, nuda et nota veritas de hiis
que sunt acta temporibus suis in publicum pertransiret ;
ne forte opinio popularis regium animum, ex hiis quæ
Deus ipse sibi et suis in victoria contulit, æstimaret
inflari extollentia singularis fortunæ.

Hac eademque de causa, nullo modo, sermonibus
ampullosis aut musicalibus instrumentis, cantica rhyth-
mica histrionum aut gesta de se vel suis commendantia
triumphale certamen proferri consentit. Hinc est quod
tremulus et perplexus hujus opusculi qualitatem, quasi
inter duo extrema, metrice potius quam prosaice, tenui,
et exili duxi obnubilatione velandam ; ut a sapientibus
et prudentibus, necnon mediocriter literatis, per quasdam interim transumptiones lucide reveletur, a par-
vulis vero et qualibet rusticitate cæca et simplici abs-
condatur. Hoc enim, prudentissimæ constantiæ Regis
nostri, gratificæ caritati conjunctæ, consonum, medita-
bar—in suis mandatis quæ dilexi, ad quæ levavi manus
meas, ut in suis justificationibus exercerer ; quod non
solum sibi nec suis, sed Deo et suæ beatissimæ geni-
trici, sanctisque Georgio et Edwardo, et omnibus
sanctis ejus, ad gloriam Victoria ascribatur ; et [2] astantibus in domo Domini, in atriis domus Dei nostri,

---

[1] This word is omitted in Harl. 861.   [2] *quod* understood.

benedicatur, qui in noctibus hujus vitæ extollunt manus suas in sancta[1] ut Dominum benedicant.

Illorum utique vestigia non sequitur, qui confidunt in virtute sua et in multitudine divitiarum snarum gloriantur ; quos disperdet Ille qui universa labia dolosa et linguam magniloquam destruit. Imo illins memor est qui in Domino gloriatur; cujus animam sapientia laudabit, qui et in Domino honorabitur et in medio populi sui gloriabitur, laudem habiturus in multitudine electorum.

QUALITER PER ANNOS SINGULOS DISTINGUITUR LIBER ISTE.

Per annos enim singulos ejusdem Domini Regis nostri, ab unitate incipiens, Rubricas infra scriptam materiam continentes præmisi ; ut tanto inveniendum facilius sit legenti quod quærit, quanto evidentius sub certo pateat numero directio prænotata. Et nota, quod in primo versu cujuslibet anni incipientis numerus annorum Christi per numerales literas continetur, et in secundo versu renovatio anni successionis regiæ computatur. In aliis enim locis quam pluribus, in quibus aliqua relatui magis digna conspexi, numerus annorum Domini eorundem eodem modo quo prius, per apices numerales, ponuntur.

Non igitur dubitet prudens lector hæc quæ sunt scripta in metro pro vero referre : cum sine dubio compilator aut realiter interfuit illa videns, aut fide-digno relatu, tam verbis quam scriptis, ab hiis qui interfuerant, didicit. Idcirco provideatur ab hiis omnibus diligenter qui hos versus perscribi in posterum facient, ne unum iota aut unus apex prætereat ; quo per scriptorum inertiam contingat materie notitiam ab intento transferri.

---

[1] Psalm cxxxiv. 2.

Quod iste Tractatus per Lustra intenditur distinguendus.

Hic igitur tractatus per lustra intenditur distinguendus, includens in hoc uno quinquennio diluculum gloriæ, psalterii, et citharæ exurgentis ejusdem Catholici principis Regis nostri, ad perfidiæ tenebras expurgandas; ut confiteatur in populis Domino, et sit super omnem terram, gloria sua: [1] ortumque et occasum capitis jam confracti Draconis, cum cauda post se trahentis tertiam partem stellarum—illius videlicet satellitis infernalis heresiarchæ, sive archi-Lollardi, Johannis de Veteri Castro, (cujus putredo ad nares Catholicorum horribiliter ascendisse notatur, sed quasi sterquilinium, obtruso schismate, quo exortus perpenditur post tempus [2], et tempora, et dimidium temporis) pereuntis in fine; sicut inferius per processum patebit, sub Rubrica xiiij[a] anni quinti.

[3] Incipiunt Rubricæ anni primi Regis Henrici Quinti.

Capitulum primum anni primi.—De obitu Regis Henrici Quarti post Conquestum, et de successione filii ejus, Henrici Quinti, in festo Sancti Cuthberti, Anno Domini M° CCCC^{mo} xij°; et de coronatione ejusdem, ix° die Aprilis Anno Domini M° CCCC^{mo} xiij°.

2. De conspiratione Domini Johannis Oldcastel, cum suis complicibus, contra Regem.

---

[1] Depending upon *includens*.
[2] See Rev. c. xii. 14.
[3] These Rubrics are omitted here in Vespas. D. xiii., and are supplied at the beginning of each Chapter only.

3. Quod Dominus Rex verbis mollitiæ, necnon minis, eidem hæretico suadebat ut desisteret ab inceptis.

4. Quod coram Domino Archiepiscopo propria confessione pro hæretico condemnatur; sed regia adhuc pietas sibi distulit mortis pœnam.

5. Quod Turri Londoniarum servandus committitur, ubi vincula rumpens fugit.

6. Quod assultum proposuit fecisse Domino Regi in manerio suo de Eltham.

7. Quod in feria tertia sequenti Domino Regi campestre prælium proposuit intulisse.

8. Quod Dominus Rex contra Sathanæ satellites, erecto vexillo, campum Sancti Egidii adiit.

9. Quod hæretici et traditores trahuntur et suspenduntur, et igne cremantur, in Octavis Epiphaniæ.

10. Quod fiunt processiones cum letaniis a clero et populo, ad Regis mandatum.

11. Quod Dominus Rex Quadragesimam tenuit in castello de Kenylworth; et de constructione viridarii ·in marisco ibidem.

12. Quod Carolus, filius Regis Francorum, pilas Parisienses Domino Regi miserat in derisum.

13. De obitu Archiepiscopi Cantuariæ.

INCIPIT ANNUS SECUNDUS.

CAPITULUM PRIMUM ANNI SECUNDI.—Quod Dominus Rex cultum Ecclesiæ augmentavit, et manerium de Shene reparari fecit, ubi tria monasteria construxit.

2. De Parliamento Leycestriæ.

3. De obitu Episcopi Cestrensis, et successore ejusdem.

4. Quod Dominus Rex scripsit literas Domino Imperatori Romanorum et aliis regibus et principibus Catholicis, pro pace et amicitia contrahenda.

F 2

5. De literis Regi Franciæ transmissis pro pace reformanda.

6. De Ambassiatoribus missis ad consilium generale in civitate Constantiæ.

INCIPIT ANNUS TERTIUS.

CAPITULUM PRIMUM ANNI TERTII.—Quod Dominus Rex, videns calliditatem Francorum, se et causam suam Deo committit, et proponit pro jure suo certamen inire.

2. Quod Rex parat navigium ut transeat in Normanniam; et de traditione Comitis Cantabrigiæ, et Henrici Scrop, et Thomæ Graye.

3. Quod plures propositum Regis conantur mutare, propter consimiles traditiones.[1]

4. Quod Rex in die Sancti Tiburtii intrat mare.

5. Quod Rex intrat Normanniam.

6. Qualia Rex suo exercitui statuta dedit.

7. Quod Rex movit exercitum versus Harflu; et de ejusdem villæ descriptione.

8. De providentia Regis erga obsidionem villæ de Harflu.

9. De introitu Domini de [2]Tancourt in villam de Harflu.

10. Quod Dux Clarensis pergit ad obsidendam villam ex alia parte.

11. Quod Dominus Rex quærit pacem, effusionem sanguinis evitando.

12. Quod Dominus Rex pro prælio justo parat.

---

[1] Down to Chapter XVII. of this year the Rubrics, after this Chapter, do not correspond with those at the heads of the respective Chapters in Vespas. D. XIII.; there being a difference of one year.

[2] Properly *Gaucourt*.

13. De fortalitio conquassato, et muris et ædibus villæ per bombardos destructis.

14. De providentia Domini de Gaucourt.

15. Quod Rex fodi fecit vias subterraneas ex parte Ducis Clarenciæ.

16. Quod Rex impleri fecit fossas villæ fasciculis, et fortalitia constituit æqualia muris villæ, et succendit fortalitium ligneum Francorum.

17. Quod hostes succendunt quædam munimina Domini Regis ob negligentia[1] custodum vigiliæ.

18. Quod populus infra villam obturavit introitum lignis et lapidibus, pro fugæ præsidio.

19. Quod Dominus Rex adhuc pacem obtulit obsessis ; sed illi, spretis tractatibus, rebellarunt quousque assultus duriores fiebant.

20. Quod Dominus de Gaucort cum aliis reddit Domino Regi claves villæ, et submittit ad Regis gratiam se et sua.

21. Quod Dominus Rex permittit Dominum de Gaucort et alios captivos accedere ad Regem Franciæ ; ea conditione ut ad suam præsentiam Calesiæ, juramento præstito, revertantur.

22. Quod Dominus Rex misit haraldum Dalphino[2], quod in villa sua de Harflu per octo dies expectaret, et quod debita sibi jura sine effusione sanguinis redderet, vel inter seipsos solos jus et dominium regni Franciæ per duellum debite terminaret ; et quamvis victoria Regi cederet, coronam tamen Regi Franciæ, qui nunc est ad terminum vitæ suæ, dimitteret.

23. Quod ex fluxu sanguinis plures infirmantur, et Episcopus Norwicensis et Comes Suffolchiæ moriuntur, et plures in Angliam revertuntur.

---

[1] *Negligentiam,* Vespas. D. XIII. and Harl. 861.

[2] *Daphino,* Harl. 861. *Delphino,* Vespas. D. XIII.

24. Quod Dominus Rex intrepidus in festo Sancti Dionysii iter arripuit, transiens coram villa de Archus et prope villam de Iwe.

25. Quod rumor fuit in plebe per quosdam captivos, de bello committendo in brevi.

26. Quod pontes et calceta rumpuntur per hostes, et quod Franci prævastant victualia.

27. De irruptione facta in campo Corby.

28. De prædone suspenso, qui pixidem cum corpore Dominico asportavit.

29. Quod fit rumor Francorum pro Regis sagittariis destruendis; et de Regis ordinatione contra illos.

30. Quod Rex misit pro villulis redimendis circa villam de Nel[1]; sed, incolis renitentibus, illas incendebat.

31. De transitu fluminis de Somme.

32. Quod turmæ Francorum contendunt transitum impedire, sed statim per equites ad fugam vertuntur.

33. Quod Dux Aurelianensis et Dux Burbonii mittunt Domino Regi, quod sibi pararent prælium infra breve.

34. De transitu aquæ de Swerdis.

35. Quod Rex ultra fluvium perpendit a longe cohortes Francorum; et de Regis constantia contra hostes.

36. De Francorum audacia propter Regis paucitatem; et de Regis providentia contra illos.

37. De bello de Agincourt, in die Sanctorum Crispini et Crispiniani.

38. De morte Ducis Eboracensis et aliorum ex parte Regis.

39. Quod paucus populus plures devicit; et de numero occisorum et captorum adversæ partis.

40. Quod a quibusdam cernitur Sanctus Georgius in campo, armatus pro parte Anglorum.

---

[1] *Neale*, Vespas. D. xiii.

41. Quod Rex post bellum revertitur ad villam ubi pernoctabat in nocte præcedenti; et mane accepit viam versus Calesiam.

42. Quod Gaucourt, cum aliis captivis, venit ad Regem; et Rex ad Dovoriam remeavit.

43. De adventu Regis Londonias.

44. De adventu Regis ad Pontem Londoniarum.

45. De transitu Regis per Aquæductum de Cornehil.

46. De transitu Regis ad introitum de Chepe.

47. De transitu Regis ad Crucem in Chepe.

48. De transitu Regis ad Aquæductum prope portam Sancti Pauli.

49. De concursu populorum in plateis Civitatis.

50. De gestu Regis maturo in equitando; et quod intravit ecclesiam Sancti Pauli.

51. Quod Dominus Rex iter arripuit versus Westmonasterium.

52. De Parliamento Londoniæ post bellum de Agincourt.

53. De conflictu Comitis Dorcestriæ cum Francis quos ducebat Comes Armiginati, inter Fiscamp et Doep.[1]

54. De processu Parliamenti incepti Londoniis.

55. De obitu Episcopi Cicestrensis, et translatione Episcoporum Menevensis et Bangornensis.[2]

INCIPIT ANNUS QUARTUS.

CAPITULUM PRIMUM.—De adventu Imperatoris, et continuatione Parliamenti Londoniis.

2. De processu Parliamenti in quindena Paschæ in Aula Majori Westmonasterii.

---

[1] *Deep.* Vespas. D. XIII.   [2] *Bangorensis*, Vespas. D. XIII.

3. De Festo Sancti Georgii in quo Imperator eligitur in militiæ fraternitatem, et cum debitis insigniis installatur.

4. De fraude et duplicitate Francorum evitanda, et Regis constantia et simplicitate notanda.

5. Quod Dominus Rex, cernens se deludi, arma resumit pro salvatione gentis suæ ; et de Ambassiatoribus [1] Imperatoris et Regis ad Regem Franciæ.

6. De Ambassiatoribus ex parte Scotiæ, ad tractandum pro liberatione Regis eorum.

7. De regressu Ducis Holandiæ ad propria, et de introitu Imperatoris in castellum de Ledys in Cantia ; et de redditu Regis ad Hamptone, pro dispositione navigii ad dispergendam obsidionem de Harflu.

8. Quod, sub nomine et sigillo Regis Francorum, mittuntur literæ Imperatori ; quod consilium Franciæ condescendit, articulis appunctuatis per consilium Regis Angliæ pro pace et concordia reformanda.

9. De solita duplicitate Francorum, qui suis propriis scriptis contrarium operantur.

10. Quod Dominus Rex habet rumores de suis Ambassiatoribus, quod male tractati fuerunt in Francia, nec eis pro sumptibus fuerat ministratum ; et quod inclusi erant in hospitiis ne exirent.

11. Quod omnia promissa Francorum Rex plane perpendit simulata esse ; ut sub ficto tractatu Harflu circumdarent obsidione, et, pro victualium caritate, obsessi perirent.

12. Quod Domino Regi maxime displicuit se sic deludi a Francis ; et qualiter arma duxit navigio apparanda pro succursu gentis suæ.

13. Quod Dominus Rex noluit Imperatorem esse solum, absque pari præsentia, in regno suo ; ob quam

---

[1] *Ambassiatoribus ex parte Scotiæ ad tractandum pro liberatione regis* | *corum*, Harl. 861. An error evidently.

causam præfecit Ducem Bedfordensem, fratrem suum, principem et doctorem[1] navigii sui versus Harflu.

14. De bello marino prope flumen Secanæ, per Ducem Bedfordensem cum Francis.

15. Quod Dux Bedfordensis transiit ad villam de Harflu, et victualia in abundantia contulit incolis et succursum præbuit et solamen.

16. Quod Dominus Rex, his auditis, dat laudes Deo, et iter accepit versus Cantuariam, ubi Imperator pro tempore moram traxit.

17. Quod Dominus Rex divinum obsequium, exemplo Regum et Patriarcharum, et aliorum Sanctorum, post obtentam victoriam augmentavit.

18. De regressu Imperatoris ad Calesiam per Dovoriam ; et de cedulis[2], in plateis et vicis per suos dimissis, ad laudem Anglorum.

19. De laude Imperatoris per Compilatorem hujus operis, per literas connexas suorum nominis, conditionis, et status.

20. Quod Imperator versus Calesiam transiit, et Dominus Rex illum secutus est, quarto die Septembris.

21. De Ambassiatoribus Franciæ missis Calesiam, ad Dominum Regem.

22. De Adventu Ducis Burgundiæ Calesiam, ad Dominum Regem.

23. Quod Dominus Rex mandat Londoniis pro Parliamento tenendo.

24. De caraca visa in mari ante Calesiam ; quam Dominus Comes Warwici insequitur cum aliis in sex parvis navibus.

25. De alia caraca, capta per mercatores de Dertemouth.

26. De scapha una Comitis reversa quæ sequebatur caracam, nescia quo caraca vel socii devenerunt.

---

[1] *Ductorem*, Vespas. D. XIII.   [2] For *schedulis*.

27. De morte incliti Domini de Morley; et de suis solennibus obsequiis celebratis.

28. Veniunt rumores ad Dominum Regem quod prima caraca evasit; et de conflictu Comitis Warwici cum eadem.

29. Quod Dux Burgundiæ venit Calesiam, et Dux Gloverniæ transit ad Sanctum Omerum; et Comes Warwici et Dominus Thomas Erpyngham, senescallus Domini Regis, accedunt in obviam Duci Burgundiæ.

30. Quod Rex intendit in Angliam, et Imperator ad propria, remeare; et quod sine spe pacis solvitur tractatus.

31. De reditu Regis in Angliam.

32. De inceptione Parliamenti Londoniis.

33. Quod Johannes Oldcastel per suos satellites facit spargi plura scripta in plateis et fenestris; ut per hypocrisim et suam simulatam innocentiam commoveat populum contra Regem et Ecclesiam sanctam Dei.

34. Quod supplicatur Domino Regi per billam, ut omnia bona temporalia ecclesiarum in manum regiam resumantur, saltem pro forma, et immediate retro reddantur; ut sic una ficta prophetia implenda esset, quam allegant Lollardi et alii bæretici affuturam: et de glorioso responso Domini Regis ad ista.

35. De obitu Episcopi Herfordensis.

36. De episcopis Londoniæ et Norwicensis translatis Constantiæ ad Consilium Generale.

Incipit annus quintus.

CAPITULUM PRIMUM.—Quod Dominus Rex mandavit navigium convenire apud Hamptone, ut in Normanniam transeat; et de caracis navigii Francorum quas cepit Comes Huntyngdoniæ apud Hogges; et de introitu Regis in Normanniam; et de captione villæ et castelli de Toke.

2. Quod clerus et populus Catholicus orat[1] et gaudet de Regis prosperitate, et perfida cohors murmurat Lollardorum, et, nomine Johannis Oldcastel solito, projiciunt membranas ad populum commovendum; et de indenturis repertis inter illum et Ducem Albaniæ[2] pro Thoma Trumpyngtone, vice Regis Ricardi, de Scotia in Angliam transmittendo.

3. Quod perfida turba Lollardorum gaudet de talibus fictitiis pronuntiandis; et plures discurrentes proclamari faciunt, quod plura millia Scotorum obsidionem ponunt circa castellum de Rokysburgh; ob quam causam omnis populus a rivo Trente et infra versus Scotiam, a minore usque ad majorem, celerius properarent.

4. De ferventi constantia Domini Henrici Bowet, Archiepiscopi Eborum, contra Scotos, cum clero.

5. De providentia domini Ducis Bedfordensis, consilio procerum, contra Scotos, Lollardos, et alios Domini Regis et Regni adversarios.

6. Quod interea Dominus Rex in Normannia subdit villas et castella sibi de jure spectantia.

7. De captione villæ Cadomi, in Festo Translationis Sancti Cuthberti, ubi Willelmus Conquestor sepelitur.

8. Quod Normannia constat Regi nostro de jure progenitorum suorum.

9. Quod Ducatus Aquitaniæ constat Regi Angliæ a tempore Henrici Secundi, de jure uxoris suæ.

10. Quod corona Franciæ constat Regi Angliæ a tempore Edwardi Secundi post Conquestum, jure uxoris ejusdem.

11. De Parliamento incepto Londoniis xvj° die mensis Novembris.

12. Quod bona nova referuntur in Parliamento, de

---

[1] *Orat,* Harl. 861.

[2] The words after *Albaniæ* are omitted in Vespas. D. xiii.

electione Domini Papæ Martini Quinti in civitate Constantiæ in Festo Omnium Sanctorum.

13. De morte venerabilis memoriæ Magistri Roberti Halum, Episcopi Sarum, in civitate Constantiæ.

14. De captione illius satellitis infernalis et hæretici maledicti, Johannis Oldcastel, per probitatem clientum Domini Powys ; et de ejusdem interitu, hæresibusque et erroribus evitandis.

15. Quod Dominus Rex recuperat villas et castella in suo Ducatu Normanniæ, et collocat ibidem doctores et prædicatores gentis Anglorum, ad plebis suæ informationem ; ac etiam judices et utriusque legis peritos, ut jura ibidem sicut in Anglia observentur.

16. De obitu piæ [1] memoriæ Magistri Stephani Patryngton, fratris Carmelitæ, Episcopi Menevensis, Doctoris in Theologia et Confessoris Domini Regis nostri.

17. Quod Dominus Rex sibi elegit Confessorem de ordine Fratrum Prædicatorum, sicut antiquitus fuerat consuetum.

18. Quod Bullæ Papales, diu expectatæ, admittuntur de translatione Episcoporum, Menevensis ad Cicestriam, et Bangornensis ad Meneviam ; ut præfertur in fine tertii anni Regis sub Rubrica LV de obitu episcopi Cicestrensis.

19. De Episcopo Sarum, Magistro Johanne Chaundeler, qui ejusdem ecclesiæ Decanus erat.

20. Quod Magister Ricardus Talbot promovetur in Archiepiscopatum Dublinensem.

21. De recuperatione urbis et castri Phalesiæ.

22. Quod Dominus Rex mittit in Angliam pro capella sua, ut Festum Paschæ solenniter celebret, et more solito divina obsequia in Normannia solemnizet.

23. De Fine unius Quinquennii Domini Regis nostri.

---

[1] Omitted in Harl. 861.

24. De Hymno a gente Anglorum cantando ad laudem
Dei genitricis Mariæ, propter grossam expeditionem
Regis Henrici Quinti, et pro succursu regni Angliæ,
dotis suæ ; quæ cunctas hæreses, cum hæresiarcha
Johanne Oldcastel, suis precibus interemit.

[PROŒMIUM.]

Terreni decus imperii fit ab Altitonante ;
    Hoc quia jure viret, hinc ratione nitet.
Ordine consona stat ratio, natura fit æqua,
    Moribus ut superis ima regenda forent.
Absit atrox regimen ! orbs abdicat arce feroces,
    Subdit et indomitos lex ratione vigens.
Est etenim duplex modus ad regimen veniendi,
    Lectio, successus ; his honor est et onus.
Mos, lex, jus, ratio, successus, fasque refutant
10   Hos, quos usurpans trux sine jure præit.
Ad regimen titulus justus fit perveniendi
    Mos electorum, quem Deus aut dat homo.
Rara Dei populis electio fit recitata ;
    Consensus populi sæpe paravit iter.
Quatuor imperia mundo præbent memoranda,
    Assyrii, Medi, Græcia, Roma simul.
Hæc violenta patent, hæc usurpata notantur:
    [1] Nembroth et Darius, hi duo prima vocant.
Rex Alexander, Romani cætera subdunt ;
20   Per fas sive nefas quæque tulere sibi.
Visio præfertur [2] Danielis quatuor horum,
    Brutorum specie quæ ratione carent.
Israel obtentu, Samuelis sorte, Saül rex
    Ungitur ; hinc plebi pangitur ira Dei.
Nam pro peccato mox rege Saül reprobato,
    Rex David eligitur, hoc operante Deo.

---

[1] *Nimrod.*   [2] Daniel, c. vii.

Unxit eum Samuel; successio postera regni
    Lege Dei natis præstitit apta suis.
Tempore quo populus se sponte jugo rationis
    Subdiderat Domino, victor in orbe fuit.   30
Imperium nusquam placuisse Deo memoratur,
    Quod fit transgressum cum ratione fidem;
Pro qua servanda regimen terræ datur uni,
    Qui quasi sol stellis præsit honore micans.
Sic fuga perfidiæ sit, stetque lucerna serenans
    Non extinguenda, ne tenebrosa luant.
Nam gens a regno transfertur perfida sæpe;
    Sacri vita ducis longior esse solet.
Hinc christo regi, cui fit data quæque potestas,
    Convenit ut regimen sit simul omne datum: 40
Quod cum justitia fidei vi vivificatur,
    Qua sine sunt regna nil nisi furta data.

CAPITULUM PRIMUM ANNI PRIMI.—DE OBITU REGIS
    HENRICI QUARTI POST CONQUESTUM, ET DE SUC-
    CESSIONE FILII EJUS, HENRICI QUINTI, IN FESTO
    SANCTI CUTHBERTI, ANNO DOMINI M° CCCC^{MO} xij°;
    ET DE CORONATIONE EJUSDEM, IX° DIE APRILIS,
    ANNO DOMINI M° CCCC^{MO} xiij°.

[a] Hierusalem, psalle! [b] Babylon, tu fallere cessa!
    En! Rex iste colit uberiora sata.
[c] Cuthberti luce granum fit [1] mortificatum
    Terra, quo fructum fers, [d] Benedicte, datum.

[a] Ecclesia.
[b] Confusio hæreticorum vel Lollardorum.
[c] Quo die obiit Henricus Quartus. [March 20.]
[d] In festo Sancti Benedicti fuit primus integer dies successionis
Regis Henrici Quinti. [March 21.]

---

[1] 1 Cor. c. xv. 36, 37.

Successu ^eRegis, Benedicte pater, prece dona,^f
Ut circumcinctus floreat ordo sacer.^g
Mil, quadringentis annis Christi, deca ternis,
50   Aprili fluxit torrida nona dies:^h
Qua sedet Henricus Quintus diademate regni,
A Conquestoris Rex ^i deca quartus humo.
Edmundo Regi Ferri-latus est deca quartus;
Hoc quoties fertur linea quina canit.
Henrico Regi Terno septena propago,
De patre, de matre, clara, notabit eum.
Anglia, Francia, ^j Neustria, ^k Cambria stirpe serenum
Hunc per avos praebent; linea recta patet.
Principis arridet meritis fervendo procella;
60   Inde sinistra quidem sunt meditata sibi.
Dextra Dei Regem benedixit cum benedicto;
Arida terra novo flumine tota viret.
Hinc calor algorem noxae fugat, unda calorem,
Et fidei flores Anglica cura parit.
Pura fides Regis meritis meditanda nitescit;
Uberius solito perfida turba luit.
Regis cura sacrae patet Ecclesiae, valitura
^l Patri regnorum; qua ruit omne malum.
Anglorum luxit effusum crebro cruorem,
70   Necnon Francorum, praelia plura notans.
Tempora tranquilla regnis reparare studebat,
Unio quo citius pangere posset opes.

^e Henrici Quinti.
^f Annus Domini. [Chronogram in the line.]
^g Annus Domini m^l cccc xii, per literas numerales utriusque versus.
^h De Coronatione Regis Henrici Quinti anno Domini m^o cccc^o x_iij^o
   et nono die Aprilis.
^i Quod est in regno xiiij^us a Conquestore.
^j Normannia.
^k Wallia.

---

^l *Pari*, Harl. 861, and Vespas. D. XIII., which is probably the correct
reading.

Prætulit ille fidem, spem, plus et amoris ovamen,
　　Quam decus omne nitens quod diadema dedit.
Vera fides vitam dat ei, spes erigit artus ;
　　Quo constat virtus, cælitus astat amor.
Ne gens in tenebris, contempta luce,[1] sederet,
　　Ecce ! salutis opes hac regione micant.
Turbo silet, glacies defluxit, bruma recessit,
　　Approperans æstas vere virore micat.　　　　　　80
Immitis Boreæ cecidere minæ, calet Auster ;
　　[1] Plura fluenta tameu stant, [m] cremat ignis edax.

CAPITULUM II.—DE CONSPIRATIONE DOMINI JOHANNIS
OLDCASTEL, CUM SUIS COMPLICIBUS, CONTRA REGEM.

Hic [2]Jon Oldcastel Christi fuit insidiator,[n]
　　Amplectens hæreses, in scelus omne ruens.
Fautor perfidiæ, pro secta [o] Wicliviana,
　　Obicibus Regis fert mala vota sacris.
Hic Apocalypsis circumcinctus patet hostis ; [p]
　　Altera bestia fit cornua [3]bina ferens.
Nomine [q]sexcenti sunt, sexaginta simul sex ;
　　Extrahe quot remanent, his sua vita datur.　　　90

[1] Magnæ inundationes aquarum fuerunt illo anno.
[m] Plura incendia, ut in Civitate Norwici et Tewkesbury et in aliis locis diversis.
[n] Annus Domini m^{us} $cccc^{us}$ $xiij^{us}$.
[o] Hæresis Johannis Wyclif.
[p] Annus Domini m^{us} $cccc^{us}$ $xiij^{us}$. [Chronogram in the line.]
[q] Est, inquit, numerus bestiæ sexcenti sexaginta sex: tantus enim numerus continetur per literas numerales in nomine Johannis Old-castel; et ultra hoc, anni qui suæ ætati in eodem anno referuntur. Hic enim natus est in eodem anno quos schisma incepit, tempore Urbani Sexti, per electionem Clementis Anno Domini m^o ccc^o $lxxviij^o$; et eodem anno Haule interficitur in choro Westmonasterii.

---

[1] Joh. c. iii. 20.　　　　　　[3] Rev. c. xiii. 11. 18.
[2] *John*, Harl. 861, and Vespas. D. XIII.

CAPITULUM III.—QUOD DOMINUS REX VERBIS MOLLITIÆ, NECNON MINIS, EIDEM HÆRETICO SUADEBAT UT DE- SISTERET AB INCEPTIS.

Hunc Rex mititia, necnon terroribus, arctat :
   Flecti mente nequit turbidus ille lupus.
Nam corpus ᵣBehemoth, ut scutum fusile, fertur,
   Durum dum superest, fictile quando cadit ;
Sic patet hæreticus, non parens corripienti,
   Dum lapsu proprio vergit ad antra Sathan.
Censuit ancipiti Rex hunc mucrone feriri ;
   Prætulit Ecclesiæ jura paranda sibi.

CAPITULUM IV.— QUOD CORAM DOMINO ARCHIEPISCOPO PROPRIA CONFESSIONE PRO HÆRETICO CONDEMNA- TUR ; SED REGIA ADHUC PIETAS SIBI DISTULIT MORTIS PŒNAM.

Hæreticum propria confessio reddit eundem ;
100   Qua damnavit eum pontificalis honor.
Regia sed pietas sibi differt mortis et ignis
   Pœnam, sub spe qua posset adesse salus.

CAPITULUM V.—QUOD TURRI LONDONIARUM SERVANDUS COMMITTITUR ; UBI VINCULA RUMPENS FUGIT.

Has capit inducias in Turri Londoniarum ;
   Rumpens viucla fugit dæmonis artis ope.
Hinc antris latitat, clam perquirendo favorem,
   •In Lanacri luce¹ concipiendo dolum.

    ² ᵣ Job xlj.
    • i. In festo Epiphaniæ.

_____

  ¹ Qy. if not *luco.*   ² Omitted in Harl. 861.

CAPITULUM VI.—QUOD ASSULTUM PROPOSUIT FECISSE
DOMINO REGI IN MANERIO SUO DE ELTHAM.

Assultum Regi studet atque suis apud Eltham ;
  Sed Deus inde suos eripit absque malo.
Insidiando cohors [t] in gurgitis arce Lanacri,
  Concutiens [u] chrisma seditiosa ruit.   110
[1] Vernans militia fures calcabat agone ;
  Subvertit [v] Castrum, stat sacer ordo vigil.

CAPITULUM VII.—QUOD IN FERIA TERTIA SEQUENTI
DOMINO REGI CAMPESTRE PRÆLIUM PROPOSUIT
INTULISSE.

Sed tamen ostendit trux vires ulteriores,
  Tertia cui feria fixa fit inde sequens.
Hic bellum Regi campestre parare studebat ;
  Campum mane petens regia cura præit.
Undique conveniunt hac proditione feroces,
  Partibus ex multis, [2] vota gerendo mala.

CAPITULUM VIII.—QUOD DOMINUS REX, ERECTO VEX-
ILLO, CONTRA SATHANÆ SATELLITES CAMPUM SANCTI
EGIDII ADIIT.

Vexillum Regis prodit, crux prævia campo
  Astitit Egidii ; gens inimica furit. [w]   120

[t] i. In Epiphania.
[u] i. Ecclesiam.
[v] Oldcastel.
[w] Et nota quod feria secunda præcedente occurrebat festum Sancti
Brightwaldi Archiepiscopi Cantuariæ, qui fuit primus Archiepiscopus
gentis nostræ Anglicanæ ; qui successit Sancto Theodoro. Sanctus

---

[1] *Vernas*, Harl. 861.   [2] *Multa*, Harl. 861.

Campis atque viis equites exire jubentur;
    Regi præsentant quos rapuere malos.
Carceribus trudi dominus Rex mandat eosdem,
    Ne sine justitia stet violenta manus.
Namque [x]Vetus Castrum, cui fit damnosa vetustas,
    Profugus inde fugit cum novitate fera.[y]
Traditus hic Sathanæ latitans luit ille satelles;
    [z]Fert odium luci qui mala tanta facit.
Hoc signo, Regi campo tunc fulgur amœnum
130   Detexit tenebras, hoc operante Deo:
Caros [a]luce cluit jam dans robora [b]deno,
    Ut rus Egidii regia cura colat.

hic Brightwaldus, juxta nominis sui etymologiam, campum Sancti
Egidii suis precibus illustravit; *Bright* enim Anglice " clarum " sonat
Latine, *Wolde* pro " plano " vel " campi planitie " ponitur: et sic
voluit Deus, precibus Brightwaldi et aliorum Sanctorum, Regem et
populum Catholicum contra tenebras perfidiæ Lollardorum gratiæ
suæ radiis illustrare.

[x] i. Oldcastel.

[y] Et nota quod hic impletur quod longe ante prædictum fuit, quasi
spiritu prophetico, in versibus per hunc modum versus.—
    " Cum fuerint anni completi mille trecenti
    " Et decies deni post partum Virginis almæ,
    " Inter nodosum montem fontemque petrosum
    " Corruet Anglorum gens perfida fraude snorum."
Mille enim trecenti implentur; decies enim deni sunt centum; et
sic implentur mille quadringenti. Et intellige quod ita perfecte impletur numerus annorum istorum, quod in quolibet centenario exce-
dunt tres anni, et unus etiam annus superadditur toto, qui facit
xiij^{cim}.

Fons Petrosus est ille juxta regiam viam prope Tiburne; a quo
procedunt Aquæductus versus Civitatem Londoniæ.

Mons Nodosus est juxta campum Sancti Egidii: et inter ista duo
gens perfida corruit Lollardorum. Ad regis mandatum furcæ in
eodem campo eriguntur, super quas hæretici suspensi fuerunt, et
in eodem loco cremati.

[z] Quia omnis qui male fecit odit lucem. [Joh. c. iii. 20.]

[a] i. Januarii.

[b] Declmo die.

CAPITULUM IX. — QUOD HÆRETICI ET TRADITORES TRAHUNTUR ET SUSPENDUNTUR, ET IGNE CREMANTUR, IN OCTAVIS EPIPHANIÆ.

Hinc suspenduntur, tracti prius, igne cremantur
Hæretici plures, conditione pari.
Capta cohors Castri Veteris partita crematur ;[c]
Rex hominem [1] veterem sic renovare studet.
In tellure satum [2] lolium fit in igne crematum ;
Quisque pians gramen sit benedictus. Amen.

CAPITULUM X. — QUOD FIUNT PROCESSIONES CUM LETANIIS A CLERO ET POPULO, AD REGIS MANDATUM.

Cum precibus clerus procedit, Rege jubente,
Et populus sequitur, ordine quisque suo.   140
Regia mens gaudet, pia plebs lætatur et omnis ;
Anglia concordi cantica voce sonat.
Nec mirum, quia Rege novo nova talia cernunt ;
Prisca reformari tempora spes fit [3] eis.

CAPITULUM XI.—QUOD DOMINUS REX TENUIT QUADRAGESIMA IN CASTELLO DE KENYLWORTH, ET IN MARISCO UBI INTER VEPRES ET SPINAS VULPES LATEBANT VIRIDARIUM PRO SUO SOLATIO STATUEBAT ; QUASI PROGNOSTICANS SE FRAUDES FRANCORUM DE REGNO SUO VIRILITER, ET ALIAS INIMICORUM INSIDIAS, EXPULSURUM ; ET IN EODEM LOCO AMŒNISSIMUM LOCUM CONSTRUXIT, QUEM " PLESANT MAREYS " VOCARI FECIT.

Castro Kenylworth stat Quadragesima Regi,
Quo contemplatur quæ facienda forent.

[c] Annus Domini. [Chronogram in the line].

---

[1] Coloss. c. iii. 9, 10.
[2] Matt. c. xiii. 30.
[3] et eis, Harl. 861. After this line Vespas. D. XIII. goes on to year 2, omitting the remaining Chapters, except c. 13, which it includes in the following year.

Vepribus et spinis vulpinus erat locus illic;
Abrogat has, piat hunc, et fugat inde feras.
Quo fuit aura nocens, placidus datur esse mariscus;
150   Fragrat et amne mora, nobilitata situ.
Sic regno tribulos proprio Rex præmeditatur
Pellere, quo fructus amplificentur opes.
Francorum fraudes vulpinas fert memoratas,
Scriptis et factis quas recolendo luit.

CAPITULUM XII.—QUOD FILIUS REGIS FRANCORUM, IN
DERISUM, MISIT DOMINO REGI PILAS, QUIBUS VALE-
RET CUM PUERIS LUDERE POTIUS QUAM PUGNARE;
ET DE RESPONSO DOMINI REGIS NOSTRI.

Dalphinus, Regis Francorum filius, illi
Carolus ascripsit verba jocosa nimis,
[1] Parisiusque pilas misit, quibus ille valeret
Ludere cum pueris, ut [2] sua cura fuit.
Rex sibi sponte pilas rescripsit Londoniarum
160   Per breve missurum, queis sua tecta terat;
Ludi ferre lucrum tellure, fugas positurum
Francorum regno, spondet et ipse manu.

CAPITULUM XIII.—DE OBITU ARCHIEPISCOPI
CANTUARIÆ.

Archiepiscopus hinc Thomas decessit Arundel;
Præsul successor huic Menevensis erat

---

[1] A not uncommon mistake in those days for *Parisias* or *Parisiis*.

[2] *Sine*, Harl. 861.

CAPITULUM PRIMUM ANNI SECUNDI.—QUOD DOMINUS
REX CULTUM ECCLESIÆ AUGMENTAVIT, ET MANE-
RIUM DE [1] SHENE REPARARI FECIT; UBI TRIA MO-
NASTERIA CONSTRUXIT.

Circumcinctus in his fragrans fert gesta notata; [d]
  Rex dum probra piat alter et annus adest.[c]
Ecclesiæ cultum Rex augmentare studebat,
  West-que-Monasterii testificatur opus.
Inde monasteria tria struxerat, et reparavit
  Mansum de [1] Shene, quod fuit absque domo.   170
Pauperibus dispersit opes inopii miserando;
  Quos solando fovet, ad meliora monet.

CAPITULUM II.—DE PARLIAMENTO LEYCESTRIÆ.

Conveniunt regni proceres ad Parliamentum
  Leycester; quisque pacis amator [2] ovat.
Non decimæ çlero, populis exactio nulla,
  Imponuntur ibi, Rege volente, suis.
Ordinis in clero confusio nulla, nec ulla
  In populo rabies, pace micante, nocet.
Mititiæ radiis populus jubilando nitescit;
  Ex Regis solio gratia magna fluit.   180
Ac ibi de sponsa tractant pro Rege futura:
  Rex condescendit his, mediante Deo;
Et sibi si sponsam jungi videt esse necesse,
  Pacem prodesse [3] scit super omne quod est.

---

[d] Annus Domini m.l.cccc**xiiij. [Chronogram in the line].
[e] Annus Regis ij^us.

---

[1] *Schene*, Harl. 861.   [3] *Sit*, Harl. 861.
[2] *Erat*, Vespas. D. XIII.

CAPITULUM III.— DE OBITU EPISCOPI CESTRENSIS, ET SUCCESSORE EJUSDEM.

Præsul Cestrensis obiit, frater Jacobita ;
John ¹ Katric sequitur, a Menevense vaçans.
Meneviæ Stephanus Patryngtone Præsul habetur,
Carmelita pater, regia ᶠ vota pians.

CAPITULUM IV.—QUOD DOMINUS REX SCRIPSIT LITERAS DOMINO IMPERATORI ROMANORUM ET ALIIS REGIBUS ET PRINCIPIBUS CATHOLICIS, PRO PACE ET AMICITIA CONTRAHENDA.

Hinc Romanorum Sigismundo sua Regi
190   Legatis propria scripta gerenda dedit.
Regibus et reliquis hæc Catholicis dare duxit,
Principibus ducibus fœdera ferre pia.
" Pax et amicitia querantur, et unio gratis,"
Dixerat hic, " ante quam mihi sponsa foret."

CAPITULUM V.—DE LITERIS REGI FRANCIÆ TRANSMISSIS PRO PACE REFORMANDA.

Regi Francorum transmittit nuntia pacis,
    Ut sua regna simul prospera ferre queant.
Anglia quo vireat, ac Francia, pace reperta,
    Qua sine marcescunt lex, gradus, ordo, status.
Sed gens Francorum, quibus est pro lege voluntas,
200   Adduci mediis his sine fraude nequit.
Protrahitur truffis legatis tempus inane ;
    Ridiculum præbent e regione duces.

ᶠ Confessor Domini Regis fuit.

---

¹ *Catric*, Harl. 861; *Catrik*, Vespas. D. xiii.

CAPITULUM VI.—DE AMBASSIATORIBUS MISSIS AD CON-
SILIUM GENERALE IN CIVITATE CONSTANTIÆ.

Consilium patrum Constantia fert Generale,
  Unio quo fiat schismata prisca premens.
Pontifices clerus ambassiat [g]Anglicus illuc ;
  Hac Rex in causa commoda quæque parat.

CAPITULUM PRIMUM ANNI TERTII.—QUOD DOMINUS REX,
VIDENS CALLIDITATEM FRANCORUM, SE ET CAUSAM
SUAM DEO COMMITTIT, ET PROPONIT PRO JURE SUO
CERTAMEN INIRE.

Succursum Callæ præbebat gens generosa,[h]
  Et fulsit Regi tertius annus ibi.
Rex, cernens ad jus proprium non posse veniri,
  Nec voto fieri spem, dolet inde nimis ;   210
Se causamque suam Regi dans Omnipotenti,
  Tendit ab incepto non resilire suo.
Scit fore pro jure licitum certamen inire,
  Quod sic Francorum fert violenta manus.
Consilio procerum tractat quod sit faciendum,
  Qua[1]ve via possit jus retinere suum.
Hic Regem populos taxare necessitat hostis ;
  Vastat opes guerra, spes truce prisca perit.
Sed quia pax finis belli datur esse petenti,
  Regi succursum plebs animosa dedit.   220

[g] Episcopi Sarum, Bathoniæ, Cestrensis.
[h] Annus Domini m[l] cccc[us] xv[us], et Annus Regis iij[us]. [Chronograms].

---

[1] De, Harl. 861.

Capitulum II.—Quod Rex parat navigium ut transeat in Normanniam; et de traditione Comitis Cantabrigiæ, et Henrici Scrop, et Thomæ Gray.

Mox Rex navigium parat· ut mare transeat armis;
  Scrop furit Henricus, proditione fremens.
Scrutans conspirat, rimatur [1] olentia plebi; [i]
  Rumpe jugo cor [2] avens, [3] res dabit ulta sonum.
Eia! ruunt gens aucta malis, opus [4] hoste. Triumphant [j]
  Vota voluntatis sic sacra, Christe, tuæ.
Versibus his quinque prætactis traditionem,
  Lector, scire potes; hinc repetendo stude.
Hi tres, Ricardus York, Henri Scrop, que Thomas Gray,
230   In regem surgunt proditione pare.
Munere Francorum corrupti terga dedere:
  Justo munus habet vindice quisque suum.

Capitulum III. — Quod plures propositum Regis conantur mutare, propter consimiles traditiones.

Propositum Regis, mare tunc transire, studebant
  Plures [5] mutare, proditione data.

[i] Annus Domini per literas numerales, et Scrop syllabicatur per primas literas dictionum; Ricardus syllabicatur per primas literas dictionum, et Yorc in *cor*, remota prima litera c, ut ultima apponatur; præposita litera Anglica, scilicet ʒ quæ "jugum" sonat.
[j] Thomas Gray, ordine retrogrado per primas literas dictionum.

---

[1] Hearne and Anstis would read *oleucia*, for the sake of the chronogram. See Hearne's *Elmham*, pp. 376, 426.
[2] *Avius*, Harl. 861.

[3] *Rc*, Vespas. D. xiii.
[4] *Honeste*, Harl. 861.
[5] *Imitare*, Harl. 861. and Vespas. D. xiii.

Vitantur similes occultæ proditiones,
    Ac [k] Veteris Castri plura pericla trucis.
Sed Rex intrepidus fixum fert trans mare votum ;
    Se causamque suam contulit inde Deo.
Huic Deus Omnipotens [1] intellectum sibi sanum
    Assistendo dedit, quæ sit habenda via.   240

Capitulum IV.—Quod Rex in die Sancti Tiburtii intrat mare.

Anglorum cuncta prece [1] panget plebs operosa ;
    Nautis, Tiburti, [m] lux tua clara nitet.
Namque dies Domini datur hæc, quartaque sequente
    In [n] vigili portum Sumpta Maria dedit.

Capitulum V.—Quod Rex intrat Normanniam.

Littore [o] Neustrali quod Sequana fert [p] Kydecausque,
    Fossis et muris plena patebat humus.
Dextra Dei Regem rexit, mediante Maria,
    Cui dos Anglia stat : arma parantur ibi.

Capitulum VI.—Qualia Rex suo exercitui statuta dedit.

Rex exercitui [2] proprio dat jura statuto,
    Quo sint Ecclesiæ libera quæque bona.   250

[k] Oldcastel.
[1] Intellectum tibi dabo, et instruam te in via hac qua gradieris ; firmabo super te oculos meos. Psalmo xxxj° [xxxii. 8.]
[m] i. Dies. [August 11.]
[n] i. In vigilia Assumptionis. [August 14.]
[o] Normanniæ.
[p] i. Villa. [Chef de Caux].

---

[1] *Planget*, Harl. 861 ; *panset*, Vespas. D. xiii. | [2] *Propria*, Vespas. D. xiii.

Presbyteris cunctis parcatur, sive ministris,
Ni violenta manus stet sacra ferre malum.
Mittere quisque manum prohibetur et in mulierem
Sub mortis pœna; lex data talis erat.

Capitulum VII.—Quod Rex movit exercitum versus Harflu; et de ejusdem villæ descriptione.

Hinc Rex se movit, tribus appositis aciebus,
Harfleu, quæ fuerat villa vocata prope.
Vallis in extremo stat; [q] Sequana cingit eandem,
Quo mare per medium refluit atque fluit.
Rivus aquæ dulcis per vallem rheumate vergit
Ad [r] flumen: fossas undique replet aquis.
Intrans divisim villam porta fluviali,
Alveolis binis clauditur ad libitum.
Altera pars villæ, qua Rex tentoria fixit,
Fossæ fit [1] duplæ robore tuta satis.
Villa quidem parva sed pulchra nimis patet illa;
Introitu trino portula trina datur.
Undique munita muris et turribus altis,
[s] Fabrica præ portis lignea fortis erat;
Arboribus grossis constructis atque ligatis,
Interius terra tigna per antra tegit.
[t] Librillis, telis, balistis, undique [u] ballant,
Anglis obstare; tot sibi dira parant.
Portus munitur claudentibus undique muris,
Cum defensivis turribus ante sitis.

[q] Fluvius de Seyne. [Seine].
[r] De Seyne.
[s] [Bulwark. Vespas. D. XIII.]
[t] Gunnys.
[u] i. Ex omni parte movent.

---

[1] *Duplo*, Vespas. D. XIII.

Capitulum VIII.—De providentia Regis erga obsidionem villæ de Harfleu.

Qualiter obsidio posset conamine [1]pone
  Rex contemplatur, cum pietate tameu.
Proponit pacem sine vi, si reddita sponte
  A se detenta debita villa foret.

Capitulum IX.—De introitu Domini de [2]Gaucort in villam de Harfleu.

Altera pars villæ nec adhuc obsessa tenetur,
  Qua Dominus Gaucort, Gallicus hospes, init :   280
Plures armantur pro villa fortificanda.
  [x] Lux fuit hæc Domini ; Rex bene quæque notat.

Capitulum X.—Quod Dux Clarensis pergit ad obsidendam villam ex alia parte.

Hinc Dux Clarensis Thomas mox nocte sequenti,
  Rege jubente, petit obsidione viam.
Ex alia parte villæ Dux ceperat ille
  Quadrigas, tela, pulvere vasa simul.
Hæc de [y]Rothomago transmissa quidem perhibentur :
  Sed cedunt Regi cuncta, jubente Deo.

[x] [Dies Dominica, Vespas. D. xiii.]
[y] [Roon, Vespas. D. xiii.] [Rouen].

[1] *Poni*, Vespas. D. xiii.   [2] *Gaucourte*, Vespas. D. xiii. ; *Gaucourt*, Harl. 861.

290
Lucis in aurora feriæ Dux ille secundæ
Se monstrando movet ; mons patet aptus ei
In faciem villæ.—Patriæ formido. notatur.—
Hinc ex parte maris obsidione data,
Ex vallis parte, per aquam circumdata dulcem,
Undique villa datur Regis amicta manu.

CAPITULUM XI.— QUOD DOMINUS REX QUÆRIT PACEM, EFFUSIONEM SANGUINIS EVITANDO.

Sed tamen hic pacem Regis moderatio quærit,
Ut sua villa sibi reddita sponte foret.
Hinc ea quæ proprii juris sunt atque ducatus
Portio ᶻ Neustralis, fraude retenta darent.
Pax quibus est odio, Rex pacificus fuit illis :ᵃ
300
Talia dum loquitur bella paranda ferunt.ᵇ

CAPITULUM XII.—QUOD DOMINUS REX PRO PRÆLIO JUSTO PARAT.

Inde levans ᶜ oculos Rex ad Dominum Dominorum,
Unde fit auxilium, prælia justa parat ;
Lenius incipiens, hominum parcendo cruori,
Hac quo villa via forsan habenda foret.
Absque sopore tenens noctes provisus ibi fit,
Obicibus positis ut tegat inde suos.
Terra fasciculos fossarum texit in alto,
Quam sudibus fixit vis tabulata tenax.

ᶻ i. Normannia.
ᵃ Cum his qui oderunt pacem eram pacificus, etc. [Psalmo cxx. 6, 7.]
ᵇ Cum loquebar illis, etc. [Psalmo cxx. 7.]
ᶜ Levavi oculos meos in montes, etc. [Psalmo cxxi. 1.]

Ordine consimili, vigilantibus indidit ut sint
    Oppositis tuti fabrica quando fremit.   310
Mox [d]bombardorum sonitu gentes fremuerunt:
    Noctes insomnes turbine stante tenent.

CAPITULUM XIII. — DE FORTALITIO CONQUASSATO, [1] ET
    MURIS ET ÆDIBUS VILLÆ PER BOMBARDOS DE-
    STRUCTIS.

Fabrica conteritur hostilis lignea fortis ;
    Turres et muros impetus ille premit.
Ædificata quidem villæ lapidum terit ictus ;
    Incola quisque tremit stigmata tanta ferens.
Talibus offensa plebs [2]turbunda [3]luit intus,
    Petras missilia [4]in jaciendo foras,
Abdita quæque loca, rimas, que foramina scrutans,
    Ex quibus est aptans qua valet arte malum.   320

CAPITULUM XIV.—DE PROVIDENTIA DOMINI DE
GAUCORT.

Nam Gaucort miles audax, capitaneus illic,
    Providus astabat vi resilire studens.
Quanta dearmarunt Regis de luce [e]lapilli,
    Tanta rearmata nocte fuere loca.
Ad fortalitii fracti murique cacumen
    Hostes portabant dolia, ligna, petras.
Hinc vici villæ sunt aggeribus, plateæque,
    Obstructi luteis, ne terat [5]ultra lapis.

[d] Of gunnys.
[e] [Bombardorum, Vespas. D. XIII.]

---

[1] Omitted, Vespas. D. XIII.
[2] *Turbinibus*, Vespas. D. XIII. and Harl. 861.
[3] *Ruit*, Vespas. D. XIII.
[4] *Vi jacitando*, **Vespas.** D. XIII.
[5] *Ultro*, Harl. 861 ; and Vespas. D. XIII.

CAPITULUM XV.—QUOD REX FODI FECIT VIAS SUB-
TERRANEAS EX PARTE DUCIS CLARENCIÆ.

Hæc Rex perpendens loca subterranea fodi
330   Mandat, ut hac fieret hostibus arte tremor.
Hoc ex parte Ducis Clarensis adesse volebat,
Quo citius reddi villa valeret ei.

CAPITULUM XVI.—QUOD REX IMPLERI FECIT FOSSAS
VILLÆ FASCICULIS, ET FORTALITIA CONSTITUIT
ÆQUALIA MURIS VILLÆ, ET SUCCENDIT FORTALITIUM
LIGNEUM FRANCORUM.

Rex, ex parte sua, jubet ut fossæ repleantur
Fasciculis, lignis : fortia castra parans,
Alta coæquata muris villæ levat illa.
His movet assultum, lignea castra cremans.
Adversæ partis subit et fugit inferius plebs,
Linquens quæ tenuit.   Laus datur inde Deo !

CAPITULUM XVII.—QUOD HOSTES SUCCENDUNT QUÆ-
DAM MUNIMINA DOMINI REGIS OB NEGLIGENTIAM
CUSTODUM VIGILIÆ.

Hostes interea Regis munimina quædam
340   Igne cremant.—Dedit hoc cura remissa nimis.

CAPITULUM XVIII. — QUOD POPULUS INFRA VILLAM
OBTURAVIT INTROITUM LIGNIS ET ¹ LAPIDIBUS PRO
FUGÆ PRÆSIDIO.

Hunc lignis, petris, que fimo pro præsidio gens
Obturat, quæque quo sit habenda fuga.

---

¹ Omitted in Vespas. D. XIII.

CAPITULUM XIX.—QUOD DOMINUS REX ADHUC PACEM
OBTULIT OBSESSIS; SED ILLI, SPRETIS TRACTATIBUS,
REBELLARUNT QUOUSQUE ASSULTUS DURIORES FIE-
BANT.

Nam [1] sic propositis tractatibus undique spretis,
   Rex jubet assultum nocte sequente dari.
Hoc fieri voluit, [2] ut sic fera colla domaret :
   Quod monet hos reddi conditione tameu ;
Rex vel Dalphinus [f] Dominica [3] si luce sequente
   Rescursum non det, reddita villa foret :
Obsidibusque datis, Francorum nuntia regi
   Mittuntur. Cessat regia grata manus,   350
Expectans aliquem qui solveret obsidionem.
   Perficitur nihil hinc, et nihil inde venit.

CAPITULUM XX. — QUOD DOMINUS DE GAUCORT CUM
ALIIS REDDIT DOMINO REGI CLAVES VILLÆ, ET SUB-
MITTIT AD REGIS GRATIAM SE ET SUA.

Ad Regis solium Dominus Gaucort reliquique
   Reddunt se sua que clavibus apta bona.
Rex claves villæ Comiti Dorset dedit ille.
   Parcens afflictis, compatiendo nimis,
Separat a reliquis inopes, juvenes, mulieres,
   Quorum mancipia [4] sinit redimenda sibi.
Quadrigis et equis mulieres hinc generosas,
   Salvo conductu, mandat abire simul.   360
Judicium justum datur hostibus, ut memoretur
   Incola, prætensus hospes, alendus ibi.

      [f] i. Die.

---

[1] Omitted in Harl. 861.
[2] Quod, Vespas. D. XIII.
[3] Omitted in Vespas. D. XIII.

[4] Sunt, Harl. 861. and Vespas.
D. XIII.

CAPITULUM XXI. — QUOD [1] DOMINUS REX PERMITTIT DOMINUM DE GAUCORT ET ALIOS CAPTIVOS ACCEDERE AD REGEM FRANCIÆ; EA CONDITIONE UT AD SUAM PRÆSENTIAM CALESIÆ, JURAMENTO PRÆSTITO, REVERTANTUR.

Gaucort et reliqui tunc permittuntur abire,
Ut retro conveniant, conditione data.
Regi se jurant ad Calesiam redimendos
Martini festo, quod prope duxit hyems.

CAPITULUM XXII.—QUOD [1] DOMINUS REX MISIT HARALDUM DALPHINO, QUOD IN VILLA SUA DE HARFLEU PER OCTO DIES EXPECTARET, ET QUOD DEBITA SIBI JURA SINE EFFUSIONE SANGUINIS REDDERET, VEL INTER SEIPSOS SOLOS JUS ET DOMINIUM REGNI FRANCIÆ PER DUELLUM DEBITE [2] TERMINARENT; ET QUAMVIS VICTORIA REGI CEDERET, CORONAM TAMEN REGI FRANCIÆ, QUI NUNC EST, AD TERMINUM DIMITTERET VITÆ SUÆ.

Mittit Dalphino Rex [3] Parisius per haraldum,
Octo diebus ibi quod daret inde moram.
Ut sic pax fiat, sua jura petit sine bello,
370   Aut solum solo rure duella dare:
Et sibi si cedat victoria, jura coronæ
Debita reddat ei, quæ daret ipse patri
Pro propria vita Regis durante, nec ultra:
Cujus decessu reddita quæque forent.
Sed nec Francorum Rex nec Dalphinus eidem
Responsum mittit: providet inde suis.
Mox removendo pedem per iter Neustrale revertit
Versus Calesiam, quo sua jura patent.

---

[1] Omitted in Vespas. D. XIII.
[2] *Terminaret* in the Prefatory Rubric.

[3] See Note to page 100.

CAPITULUM XXIII. — QUOD EX FLUXU SANGUINIS PLURES INFIRMANTUR, ET EPISCOPUS NORWICENSIS ET COMES [1]SUFFOLCHIÆ MORIUNTUR, ET PLURES IN ANGLIAM REVERTUNTUR.

Hic dysenturiæ nece trivit passio plures:
   Millia quinque viri se remeare parant.   380
[g]Norwici Præsul, Comes et [h][2]Suffolchicus illic
   Hac cum clade ruunt, et fuga plebe datur.
Nam Regem plures, clam dantes terga, relinquunt;
   Hinc vix nongenta [3]pila fuere sibi.
[4]Millia vix quinque remanent simul arcitenentes:
   Quotidie numerus fit minor inde sibi.

CAPITULUM XXIV. — QUOD DOMINUS REX INTREPIDUS IN FESTO SANCTI DIONYSII ITER ARRIPUIT, TRANSIENS CORAM VILLA DE ARCHUS ET PROPE VILLAM DE IWE.

Sed tamen intrepidus Rex luce tua, Dionysi,
   Dispositis cunctis, ceperat illud iter;
Sub mortis pœna prohibens incendia, prædas,
   Excepto victu quem via tanta petit.   390
[i]Archus villa notat fluvio loca stricta tenenda:
   Pontibus et castris transitus inde datur.
Obicibus multis via recta sibi prohibetur,
   [j][5]Iwe testatur hostibus atque fuga.
Villis pernoctans quibus est, sinit ut redimantur
   Pro pretio panis omnia salva viris.

[g] Magister Ricardus Courtenay.
[h] Dominus Michel Pool.
[i] Proprium nomen [Arques].
[j] Proprium nomen villæ [Eu].

[1] *Southfolchiæ*, Vespas. D. XIII.
[2] *Southfolchius*, Vespas. D. XIII.
[3] *Plura*, Vespas. D. XIII.
[4] *Hinc*, Vespas. D. XIII.
[5] *Iwe sed*, Vespas. D. XIII.

CAPITULUM XXV.—QUOD RUMOR FUIT IN PLEBE PER
    QUOSDAM CAPTIVOS, DE BELLO COMMITTENDO [1] IN
    BREVI.

Hinc rumor belli Francorum crebro futuri
    Personat in plebe, quod datur esse prope.
[k] Abbatis villa, qua [l] Somn per aquam vada restant,
400   Pontibus abruptis transitus esse nequit.
Oppositas acies ripæ pars altera monstrat ;
    Ad caput hinc fluvii fit retinenda via.

CAPITULUM XXVI.—QUOD PONTES ET CALCETA RUMPUN-
    TUR PER HOSTES, ET QUOD FRANCI PRÆVASTANT
    VICTUALIA.

Pontes, calceta rumpuntur ubique per hostes :
    Francorum pompa crescit et ampla datur.
Victus adest Regi vix sumptibus octo dierum ;
    Franci prævastant prædia, vina, dapes.
Esurie populum vexare, sitique, studebant,
    Quo sine mucrone concio fessa ruat.
O ! Christi genitrix, O ! miles, Sancte Georgi !
410   Sub quibus alma viget Anglia, fertis opem !
[m] Bowys cum castro, cum pontibus, approbat ista ;
    Quo nocturna quies pane referta fuit.

CAPITULUM XXVII.—DE IRRUPTIONE FACTA IN CAMPO
    CORBY.

In [n] Corbi campo gravis est irruptio facta ;
    Francigenis fertur hostibus ense fuga.

[k] Abvile [Abbeville].
[l] Proprium nomen fluvii [Somme].
[m] Villa [Boves].
[n] Proprium nomen [Corbie].

[1] *Infra*, Vespas. D. XIII.

II **2**

CAPITULUM XXVIII.—DE PRÆDONE SUSPENSO, QUI PYXIDEM CUM CORPORE DOMINICO ASPORTAVIT.

Pyxidis hinc [1] prædo Domini. cum corpore captus,
Suspensus merito, Rege jubente, fuit.

CAPITULUM XXIX.—QUOD FIT RUMOR FRANCORUM PRO REGIS SAGITTARIIS DESTRUENDIS ; ET DE REGIS ORDINATIONE CONTRA ILLOS.

Nam captivorum delatio certa cohortes
Plures testatur; quod propiare volunt,
Ut vi dirumpant acies simul arcitenentum.
Hinc jubet hos [2] punctis Rex reparare sudes   420
Terra fingendas ; dat declivo retinendas
Versus eos, visu quo timor assit equis.

CAPITULUM XXX. — QUOD REX MISIT PRO VILLULIS REDIMENDIS CIRCA VILLAM DE [3] NEL, SED, INCOLIS RENITENTIBUS, ILLAS INCENDEBAT.

Mox Rex pro villis prope °Nel misit redimendis ;
Non respondetur ᵖ *pir* datur inde per �q *ir.*

CAPITULUM XXXI.—DE TRANSITU FLUMINIS DE SOMME.

Ad flumen ʳ Sommæ quod transitus est prope fertur ;
Per præcursores certa notantur ei.

° Villa [Nesle].
ᵖ Ignis.
q Manus [sagittantium; sive per appositionem in domos villarum
illarum. Vespas. D. xiii.]
ʳ Proprium nomen.

---

[1] *Prædio,* Harl. 861.   [3] *Neele,* Vespas. D. xiii.
[2] *Punctus,* Harl. 861.

Ante tamen quam flumen adit, transire mariscum
Contigit ; hunc amne fluminis atque suos
Rivus concludit. Duo sunt vada stricta reperta,
430   Ad quæ ⁹ calceta sunt data longa duo ;
Uno vix unus a fronte præiret equester.
His procerum turma transiit ultro prius.
Provisu Regis, datur ut statione pedestri
Arcubus et·pilis sit favor ante suis.
Per calcetorum fracturas, stramine, lignis,
Amplum stravit iter ; transitus inde datur.

Capitulum XXXII.—Quod turmæ Francorum contendunt transitum impedire, sed statim per equites ad fugam vertuntur.

Franci per turmas contendunt ferre repulsam ;
Hos equites pauci quosque premendo fugant.
Crastina namque ᵗ dies Domini tunc nocte quietis
440   Expectatur: ibi gloria magna fuit.

Capitulum XXXIII.—Quod Dux Aurelianensis et Dux Burbonii mittunt Domino Regi, quod sibi pararent prælium infra breve.

ᵘ Aurelianensis Burbonque Duces sua Regi
Nuntia mittebant, quod sibi bella darent.
Nulla dies, nullus locus, assignatur ab illis ;
Calesiæ fertur terminus atque locus.

⁹ Cauceys [causeways].
ᵗ Dominica die.
ᵘ Orlians [Orleans].

Venerat hic [v] Hayle Dominus, qui [w] carcere rupto
Fugit furtive, famina pulchra ferens;
[1] Jon Gravil miles secum fuit associatus:
[x] Rex excusanti fert moderata silens.
Auxilio Christi [2] si mox animando suosque,
Crastina bella parans, transiit inde [y] Peron.   450
Improperant Anglis Franci, qui terga dedere;
Castra petunt propere, fellea corda tremunt.

CAPITULUM XXXIV. — DE TRANSITU AQUÆ DE
[z] SWERDIS.

In feria quarta Rex ad fluvium Gladiorum
  Transit; et in quinta sunt nova lata sibi,
Millia quod multa pars fluminis altera vexit
  Francorum; quibus est pars sua dextra patens.

CAPITULUM XXXV.—QUOD REX ULTRA FLUVIUM DE
  SWERDYS PERPENDIT A LONGE COHORTES FRAN-
  CORUM; ET DE REGIS CONSTANTIA CONTRA HOSTES.

Rex transit flumen, procul aspiciendo cohortes
  Francorum, turmis agmina tetra notans.
Inter eos vallis, et Regem, parva patebat;
  Rex acies alis ordinat inde suas.   460

[v] Gallicus.
[w] Apud Wysebeche. [Apud Castrum de Welbecke. Vespas. D.XIII.]
[x] Rex fictæ excusationi noluit respondere; affirmans veritatem esse probandam pro loco et tempore opportunis.
[y] Proprium nomen [Peronne].
[z] Swerdys proprium nomen fluvii [Ternoise].

---

[1] *John Gravyl*, Vespas. D. XIII.   [2] Qy. *se.*

Mundos quosque Deo præfert ʻconfessio vera;
    Rara sacerdotum concio fertur ibi.
Miles ibi quidam petit optans, arcitenentum
    Millia quod dena plura parata forent;
[1] Cui Rex respondit, "Sic, stulte, Deum male temptas?
    " Unius augmentum spes mea nolle monet.
" In numero nunquam victoria danda notatur :
    " Est Deus Omnipotens, cui mea causa datur.
" Hic nos peste premit ; miserans, non hostibus istis
470   " Nos sinet interimi. Sint pia vota sibi."

CAPITULUM XXXVI.—DE FRANCORUM AUDACIA PROP-
TER REGIS PAUCITATEM ; ET DE REGIS PROVIDENTIA
CONTRA ILLOS.

Franci, cernentes acies cum Rege pusillas,
    Mox captant nemoris posteriora loca.
Credens Rex hostes se circumcingere velle,
    Vertit versus eos agmina quæque sua.
Non fore pugnandum nox atra propinqua sinebat.
    Hospitio pausans, Rex silet ; ipse suis
Quosque silere jubet. Hinc declinando, silenter
    Ad villam properat, qua loca clausa tenet.
Nox pluvialis ibi plebem, sine pane, madebat :
480   Ad Dominum vigiles quique dedere preces.
Pensantes hostes hos ferre silentia, [2] noctu
    Inde putant Regem proposuisse fugam.
Illi per campos celeres dant obvia plura ;
    Hos super hunc certos alea jacta notat.

---

[1] *Rex cui*, Vespas. D. XIII.   [2] *Nocte*, Vespas. D. XIII.

CAPITULUM XXXVII.—DE BELLO DE AGINCORT, IN DIE SANCTORUM CRISPINI ET CRISPINIANI.

Octobris mensis vicenus quintus habetur,
   Anglos dans memores fervidus ille dies.
In feria sexta, Crispinus Crispiniano
   [a] Cristi [b] pila [c] nuens nomine ferre potest.
Hostes in campo plures statuere cohortes,
   Trusa quod his quævis arcubus ala foret.   490
Anterior fuerat Francorum turma pedestris,
   In triplo [1] superans Anglica rura viris.
Hinc equitum turmis acies sunt posteriores ;
   Sexaginta simul millia rure viri.[d]
Ex Regis parte septem tunc millia vix sunt ; [e]
   His unum bellum regia cura parat.
Ponens anterius aciem, quo dextra fit ala,
   Postera sic acies ala sinistra foret ;
His intermisit turmas simul arcitenentum ;
   Præmissas jubet hos figere rure sudes.   500
Hostilis statio fit ficta facetia Regi.
   Stat Rex in turmis absque pavore suis ;
Mandans, posterius evectio curribus ut sit
   Ad dorsum belli concomitando sita ;
Assignando Ducem, provisor, in his Eboraci,
   Ut fieret renuit ; hæc [2] pia causa fuit—
" O ! Rex," Dux inquit, "non posterioribus, imo,
   " Anterioribus, hic hostibus arma feram."
Rex dixit reliquis, " Consortes, arma parate ;
   " Anglica jura quidem sunt referenda Deo ;   510

     [a] Cris.
     [b] Pi.
     [c] Nus.
     [d] [60,000. Vespas. D. XIII.]
     [e] [7000. Vespas. D. XIII.]

---

[1] *Reparans*, Vespas. D. XIII.   [2] Omitted in Vespas. D. XIII.

" Edwardi Regis, Edwardi principis isto
  " Jure notant memores prælia plura data.
" Cum paucis Anglis victoria multa notatur:
  " Hoc nunquam potuit viribus esse suis.
" Anglia non planget me captum sive redemptum ;
  " Præsto paratus ero juris agone mori.
" Sancte Georgi ! Sancte Georgi, miles ! adesto ;
  " Anglis in jure, Sancta Maria, fave !
" Hac hora plures pro nobis corde precantur
520   " Anglorum justi : fraus tua, France ! ruet."
Arma gerens propria, propriam Rex ipse coronam
  Imposuit capiti ; prodiit inde palam.
Vexillum mandat [1] bello prodire patenter,
  Se signando cruce, sic animando suos.
Namque sacerdotes a tergo vociferantur
  Cum gemitu, " Nostri nunc miserere, Deus !
" Nunc miserere, Deus ! Anglorum parce coronæ ;
  " Regia jura fove. Pro pietate tua,
" Virgo Maria, fave ! propria pro dote, Georgi
530   " Miles, et Edwarde, Rex pie, confer opem !
" Dent omnes Sancti, Regis constantia nostri
  " Fiat ut accepta per sacra vota Deo."
Bello congreditur exercitus unus et alter ::
  His binis campus per nemus arctus erat.
[2] Hic frater Regis Humfredus nobilis est [f] Dux
  Inguine percussus ; defluit ense cruor.
Huic ad humum presso Rex succurrendo superstans,
  Fratris defensor hoc in agone fuit.
Francorum turma prorupit ad arcitenentes ;
540   Turbo sagittarum vertere terga dedit.
Horum nobilitas in fronte, tribus data turmis,
  Ad vexilla tribus intulit arma locis :

[f] Gloucestriæ.

---

[1] Omitted in Harl. 861.

[2] This and the next three lines are omitted in Vespas. D. xiii.

Quorum sunt latera nostris penetrata sagittis,
   Fronsque per armatos hostica trita fuit.
Pars Regis nostri secura securibus hostes
   Deprimit obtrusos, fitque supina cohors.
Opprimitur vivis plebs mortua ; viva subivit
   Occisis ; acies fit cumulata ruens.
Scandunt congeries Francorum cœtibus Angli ;
   Vis cadit anterior, non patet inde fuga.   550
Occidunt, capiunt sibi, conservant redimendos ;
   Sed cito clamor erat prælia ferre nova.
Multiplicata recens acies addenda minatur
   Lassos conterere ; plebs furit inde magis.
Captivos priscos pro posterioribus Angli
   Interimunt Francos : res datur arcta nimis.
Bellum posterius, nostras gustando sagittas,
   Dat campum Regi. Laus datur inde Deo.
Casside fit Regis attrita corona securi :
   Præsto notatur ibi Gratia ferre manum.   560

CAPITULUM XXXVIII.—DE MORTE DUCIS EBORACENSIS
   ET ALIORUM EX PARTE REGIS.

[1] Hic Eboracensis premitur Dux turbine belli ;
   Cujus ad interitum regia cura luit.
Et Comes occubuit juvenis [2] Suffolchicus illic :
   Vix Angli reliqui terdecas ense ruunt.

CAPITULUM XXXIX.—QUOD PAUCUS POPULUS PLURES
   DEVICIT ; ET DE NUMERO OCCISORUM ET CAPTIVORUM
   ADVERSÆ PARTIS.

Cœlestis sic ira Dei surrexit in hostes,
   Quod paucus populus millia plura premit.

---

[1] *Hic Eboracensis Dux nobilis occidit ense,* **Vespas. D. XIII.**

[2] *Southfolchius,* **Vespas. D. XIII.**

[g] Præsul, tresque Duces, Comites sex, et minus octo
   Centum Barones, [h] mille ruunt [i] equites,
Necnon quingenti procerum, que millia [j] septem.
570   Tres [k] capti Comites sunt, duo jure Duces,
   Atque Marescallus Francorum, nobilis ille
   Burcicaldus; ibi redditus ense datur.
Sunt capti plures in centenis generosi:
   Victor erat Christus, læta trophæa ferens.

CAPITULUM XL.—QUOD A QUIBUSDAM CERNITUR SANC-
   TUS GEORGIUS IN CAMPO, ARMATUS PRO PARTE
   [1] ANGLORUM.

Cernitur in campo sacer ille Georgius armis,
   Anglorum parte, bella parare suis.

[g] Occisi in campo {
  Archiepiscopus Senonensis.
  Dux Brabantiæ.
  Dux Alonconum.
  Dux Barenensis.
  Comes de Nevers.
  Comes Dampmertensis.
  Comes Marlensis.
  Comes de Grantpre.
  Comes Saumensis.
  Comes Daufencontensis.
  Dominus de Bret, Constabularius Franciæ.
  Alii Barones et vexilla levantes xcij milites mille quingenti.
  Alii nobiles et armigeri septem millia.

[h] [1500. Vespas. D. XIII.]
[i] Milites.
[j] [7000. Vespas. D. XIII.]

[k] Capti {
  Dux Aurelianensis.
  Dux Burbonie.
  Comes de Iwe.
  Comes Richemundiæ, Arthurus de Britannia.
  Comes de Vandolme.
  Johannes le Magister dictus.
  Burcicaldus Constabularius Franciæ.
  Et plures alii generosi.

[1] *Nostra*, Vespas. D. XIII.

Protegit hic Anglos victrix manus Altitonantis :
Non nobis, sed ei, gloria tota datur.
[1] Harfleu fert Mauric, [m] [1] Agincort prælia [n] Crispin :
His Regis nostri tertius annus [o] ovat.   580

Capitulum XLI.—Quod Rex post bellum revertitur ad villam ubi pernoctabat in nocte præcedenti ; et mane accepit viam versus Calesiam.

Rex ibi post bellum villa pernoctat eadem,
Qua præeunte fuit nocte locatus humo.
Mane resumit iter ad Calesiam, pietatis
Aggere transcendens compatiendo nimis.
In terna feria post Calesiam [2] veniebat :
Vicenis pausat sponte diebus ibi.

Capitulum XLII. — Quod Gaucort, cum aliis captivis, venit ad Regem, et Rex ad Dovoriam remeavit.

Gaucort captivus ex condicto redeunte,
Portum Dovoriæ Rex remeando petit.
Unius aptat ibi requiem retinere diei,
Versus [p] metropolim limina sancta petens.   590
Visit ibi Sanctos Augustinum sociosque,
Inde Thomæ limen, his referendo preces.

[1] Villa capta in festo Sancti Maurici.
[m] Nomen campi ubi bellum fuit.
[n] In festo Sanctorum Crispini et Crispiniani.   Annus Domini m[lus] cccc xv[us] per literas numerales.
[o] Et annus Regis tertius.
[p] Cantuariam [in a more recent hand].

---

[1] *Agincourt*, Vespas. D. xiii.   [2] *Redit ille*, Vespas. D. xiii.

CAPITULUM XLIII.—DE ADVENTU REGIS LONDONIAS.

Regi Londonias ab Agincort advenienti,
  Cives jocundi pulchra notanda parant.
^q Majorem, reliquos ^r seniores bis duodenos,
  ^s Lucea, non lutea, vestis adornat ibi.
Millia vicena per sectam concomitantur:
  Blakheth planitie quisque notatur eques,
Ordine quo cuncti præbebant obvia Regi:
600 Gloria, laus, et honor fertur ubique Deo.
Cultior in cunctis distinguitur ars ibi quævis.
  Londonias redeunt, et reverenter agunt.
De Bermondseya conventu prodiit Abbas;
  Concordes cleri voce dedere sonos.
Quique Duces, Comites, Burcicaldusque sequuntur
  Captivi Regem: mœror inheret eis.

CAPITULUM XLIV.—DE ADVENTU REGIS AD PONTEM LONDONIARUM.

Perventum cum sit ad Pontem Londoniarum,
  Cernitur in turris culmine stando gigas.
Dextra securim fert, clavesque sinistra tenebat:
610 Effigies dextra cui muliebris erat:
Plura perornabant armis hastilia turrim.
  Sic urbs hæc Regis justitiæ fit ^t ibi.
In medio pontis lateri fit utrique columna;
  Instar erat turris stans in utraque patens.
¹ Antilopis formam retinebat dextra columna,
  Qua pendent arma regia clara nimis;

^q Mayre [Mayor].
^r xxiiij aldermen.
^s Scarlet.
^t Civitas Regis justitiæ.

---

¹ *Antilopus*, Harl. 861.

Sceptrum regale tenet hoc animal pede dextro.
  In turri læva forma leonis erat ;
Unguibus expansum vexillum Regis habebat.
  Pontis transverso turris amœna fuit,   620
Qua fit imago patens tua, miles, Sancte Georgi !
  Hæc dans scripta, "Deo gloria, laus, et honor."
ᵘ Fluminis impetus hincque lætificans rigat urbem :
  Mysterio turris significatur ibi.
Angelicos cives pueri memorant modulantes ;
  Anglica pneuma datur, organa clara sonant.

CAPITULUM XLV.—DE TRANSITU REGIS PER AQUÆ-
          DUCTUM DE CORNHIL.

Rex ad Conductum Cornhil pertransiit inde ;
  Pulchra prophetarum concio psallit ibi
Psalmum, "Cantate Domino ;" scriptura fit ista,
  " ᵛ Rex quoniam sperat"—cætera Psalmus habet.   630
Coccineis pannis turris datur hæc polymita,
  Regalis stirpis splendida scuta gerens.
Inde volant volucres humeris, et pectore plaudunt :
  Regis vota Deo sacra notantur ibi.

CAPITULUM XLVI.—¹ DE TRANSITU REGIS AD INTROITUM
          DE CHEPE.

Transit ad introitum de Chepe, quo splendida turris
  Velatu viridi plurima scuta tenet.
Astat Apostolicus cœtus, Reges duodeni
  Anglorum sancti ; littera scripta monet,

ᵘ Fluminis impetus lætificat civitatem Dei. [Psalm. XLVI. 4.]
  ᵛ Quoniam Rex sperat in Domino et in misericordia altissimi non
commovebitur. Inveniatur, etc. [Psalm. XXI. 7.]

---

¹ *De introitu regis in Chepe*, Vespas. D. XIII.

Omnibus ex nostris inimicis ferre ^w salutem.
640   In sanctis priscis concio tota canit.
Emittunt panis foliis oblata rotunda ;
Ac per Conductum dulcia vina fluunt.
Sicut Melchisedech Abraham, de cædè reverso,
Offert victori, sic ibi sensus èràt.

Capitulum XLVII.—De transitu Regis ad Crucem ¹ in Chepe.

Progrediendo Crucem de Chepe reperit quasi castrum
Turribus ornatum ; marmoris instar erat.
" ^x Gloria dicta Dei de te patet, urbs," memorabat
Littera plana satis, ut sibi Psalmus habet.
Versibus ut nequeunt textus laudum recitari,
650   Sic condigna Deo laus nequit urbe dari.
Regi cœlesti jubilant modulando puellæ
Cultu virgineo ; tympana tàcta sonant.
Ut plaudendo David verso de cæde Goliæ,
Personat inde melos—" Rex benedicte, veni."
Hinc Archangelicis, simul angelicis, puerorum
Agminibus cuneus assimilatur ibi.
Emittunt purum, cum lauri frondibus, aurum ;
Victori signum sic decet esse datum.

Capitulum XLVIII.—De transitu Regis ad Aquæ-ductum prope portam Sancti Pauli.

Versus Conductum Pauli Rex transit, et ecce !
660   Plura tabernacula turris amœna tenet.

^w Salutem ex inimicis nostris et de manu omnium qui oderunt nos etc. [Psalm. xliv. 7.]
^x Gloriosa dicta sunt de te, civitas Dei. [Psalm. lxxxvii. 3.]

¹ *Dc*, Vespas. D. xiii.

Quoque tabernaculo virgo stetit una pudica,
　　Aurum de calice sparserat aura levis.
Turris amicta fuit stellis; sapphirica nubes
　　Fulsit tectura : splendor ubique nitet.
In summo positus Archangelus aureus astat,
　　Angelus ad postem quemlibet unus erat.
Majestas summa simulatur præradiando
　　Corpore solari, subtus in arce throni.
Angelicis Archangelicis thronus intonat hymnis :
　　Hæc scriptura datur, gratia grata Deo ;　　　　670
" O Pater alme, Deum te laudamus modulando ;
　　" Hæc omnis terra te veneratur ita."

CAPITULUM XLIX.—DE CONCURSU POPULORUM IN
PLATEIS CIVITATIS.

Nam per plateas pressura fluit populorum,
　　Et solaria sunt quæque referta satis.
Tecturis domuum, rimis, que meatibus altis,
　　Undique conscendit plebs numerosa nimis.
Regni totius dominarum nobiliores
　　[1] Arce locantur ibi.　Quæque fenestra nitet
Vultibus ornatis, utinam sine cornubus ! illic.
　　Omnia qui fecit sit benedictus in his !　　　　680
Erexit cornu nobis Deus ipse salutis :
　　Hinc confringantur cornua fulta malis.

CAPITULUM L. — DE GESTU REGIS MATURO IN EQUI-
TANDO ; ET QUOD INTRAVIT IN ECCLESIAM SANCTI
PAULI.

Gestu maturo Rex procedens equitando,
　　Purpurea veste, seu meditando fuit.

---

[1] *Arte*, Vespas. D. XIII.

Pensans his quanta Deus ipse sibi bona fecit,
Ecclesiam Pauli ^y visit ¹ ovando prece.
Obvia pontifices ter seni pulchra sibi dant
   Processu; cleri personat ore melos.
Rex offert voto munus; sed murmura monstrant
690   Captivi, capita qui sua tecta tenent.
Pluribus ornatis solennibus organa cantant:
Angelus a ^z celso thurificando venit.

CAPITULUM LI.— QUOD DOMINUS REX ITER ARRIPUIT VERSUS WESTMONASTERIUM.

Ad Sanctum Petrum petit Edwardi monumentum;
   Obvia fert Abbas cum rutilante choro.
Aulam regalem propriam petiit: reparantur
   Trini pontifices atque Decanns ibi.
Procedendo choris vernans sua tota capella
   Affuit, almiphonis conjubilando tonis.
^a Angelico nutu gratis laus instet amœna,
700   Qua jubilans omnis terra sit ista Deo.

² CAPITULUM LII.—DE PARLIAMENTO LONDONIIS POST BELLUM DE AGINCORT.

^b Martius in ^c luce prima dat Parliamentum,
   Londoniis tentum, commoda plura ferens.

     ^y [Visitando sua prece. Vespas. D. XIII.]
     ^z In ecclesia Sancti Pauli.
     ^a Anglia. [Acrostic in the line].
     ^b Mensis.
     ^c Die.

---

¹ *Servando*, Vespas. D. XIII. | ² Omitted in Julius, E. IV. and Harl. 861.

Capitulum LIII.—De conflictu Comitis Dorcestriæ cum Francis, quos ducebat Comes [d] [1]Armigenaci.

Contigit interea Normannis agminis Harfleu
   [2] Dorcestrem Comitem vi resilisse viris.
Franci perpendunt Anglos certamine paucos ;
   Insurgunt celeres millia quinque simul.
Tot præter turbas assistunt insidiosas,
   [d]Armiginacus erat hos præeundo Comes ;
Regni Francorum fit Constabularius iste.
   [e]Deep rus et [f]Fiscampe hæc memoranda notant.   710
Mille viris Comes ille fuit vix concomitatus ;
   Bella parans Francis astitit absque metu.
Pars adversa quidem [g]se reddendum fore tractat,
   Ut sine morte suis sit redimendus ibi.
Insita Francorum Comes ampullosa refutans,
   Anglica jura Deo perficienda dedit.
Assultu primo statio fuit Anglica pressa ;
   Turbine quo suffert vulnera dura Comes.
Associans acies locus est sibi tutior aptus ;
   Cui pars adversa distulit arma dare,   720
Intendendo fame, non ferro, vincere quosque.
   Hostica pars crevit, pars fit amica minor.
Pro visu noctis Comes arma remota silenter
   Captat, et ad [h]Kydcaus mox properavit iter.
Vicenis lengis fuit a prisca statione,.
   Quo fore securum se putat atque suos.

     [d] Armenac. [Armagnac].
     [e] Nomen [Dieppe].
     [f] Abbatia [Fécamp].
     [g] Comitem.
     [h] Villa [Chef de Caux].

---

[1] Add, *inter Fescamp et Deep,*   [2] *Dorcetiæ,* Vespas. D. xiii.
Vespas. D. xiii.

Lucis in aurora Francorum millia monte
Opponunt Anglis, prælia valle datis.
Nil nisi tunc oculos ad cœlum mente levare
730   Restat, et est præsto viribus ipse Comes
[1] Obstans cum turmis; cui cessit agone triumphus :
Millia quindena tunc cecidere simul.
Captio sine fuga confudit quosque, vel ensis;
Angli nongenti vix numerantur ibi.
A Domino factum fuit hoc; sit in his benedictus :
Rex sibi dat laudes qui sua jura regit.

Capitulum LIV.—De processu Parliamenti incepti Londoniis.

Londoniis initum processit Parliamentum ;
Quo regni jura sunt reparanda data.
Præsul [i] Wyntoniæ fert Cancellarius ista;
740   Queis respublica stat arguit atque probat.
In terris superos ratio monet inter habentes,
Jndex terrenus ut dominetur eis.
Illi, qui superum nec habet, terris datur esse
Judex, in cœlis arbiter, ipse Deus.
Mundi judicio, cum sit sententia triplex
Vera, probata, data; sufficit estque satis.
Hoc de cœlesti fit judicio referendum,
Et sibi parendum cum ratione pari.
Summo judicio triplex sententia fertur,
750   Anglorum jure quod tria bella notant.
Slus, [j] Pictanense, simul Agincort memorantur ;
  [k] Rex, [l] Princeps, et [m] rex; causa fit una tribus.

[i] Proprium nomen.
[j] Poyters [Poitiers].
[k] Edwardus.
[l] Edwardus [The Black Prince].
[m] Henricus Quintus.

---

[1] *Obstat*, Vespas. D. xiii.

Ultrix fertur in his summi sententia triplex;
 Quæ tulit a Francis commoda magna tria,
Calesias, Harflu, necnon audacia corda.
Hæc Anglis servet Trinus et Unus. Amen.

CAPITULUM LV.—DE OBITU EPISCOPI CICESTRENSIS,. ET
 TRANSLATIONE EPISCOPORUM MENEVENSIS ET BAN-
 GORNENSIS.

Cicestrensis obit Præsul, frater Jacobita;
 Præsul successor fit [n] Menevensis ei.
Hinc Bangornensis Præsul [o] datus est [p] Menevensi:
 Tardantur Bullæ, schismate stante diu.   760

CAPITULUM PRIMUM ANNI QUARTI.—DE ADVENTU IMPE-
 RATORIS, ET CONTINUATIONE PARLIAMENTI LON-
 DONIIS.

[q] Anglorum luce cuncti reparata perornant:
 Jam Regis quartus incipit annus ovans.
Induperatoris rumor datur advenientis,
 Quo posset pace jungere regna duo.
Parisius petiit tractans cum Rege suisque;
 Hunc expectarunt Rex simul atque sui.
Londoniis proceres retinent, nec Parliamentum
 Solvere disponunt: integra quæque manent.

[n] Confessor Domini Regalis postulatus est.
[o] Postulatus.
[p] Sedi.
[q] Annus Domini millesimus quadringentesimus sextusdecimus, et
annus Regis quartus. [Chronogram in the line].

Post, prope Pascha, venit ad Calesiam memoratus
770   Induperator; ibi, mille paratus equis,
Illum ^{r}Warwici Comes acceptat reverenter,
Et Dux ^{s}Glovernis ^{1}Dovoria sibi stat.
Præsul ^{t}metropolis sibi præsto palatia confert,
Dux Bedfordensis dat veneranda ^{u}Rofæ.
Hunc Dux ^{v}Clarensis Dertford in honore recepit;
Rex prope Londonias obvia præstat ei.
Millibus hinc quinque procerum stipatus ibidem,
Civibus exceptis, Rex veneratur eum.
Ordine quo decuit, dextra statuebat eundem;
780   Per medium duxit nobilis urbis eum:
Atque sibi propria sua sponte palatia profert;
Lamheth signatur regia facta mora.

CAPITULUM II.—DE PROCESSU PARLIAMENTI IN QUIN-
DENA PASCHÆ IN AULA MAJORI WESTMONASTERII.

Quindena Paschæ procedit Parliamentum;
    Aula majori cuncta parata patent.
Induperatoris et Regis per prius actnm,
    Fraternale decus tunc renovatur ibi.
Chartis firmatur, et in hoc solennia dantur:
    Tractatus pacis floruit inter eos.

^{r} Nomen.
^{s} i. Glowcestre. [Gloucester].
^{t} i. Cantuar. [Canterbury].
^{u} i. Rouchester. [Rochester].
^{v} Nomen. [Clarence].

---

^{1} *Donaria*, Harl. 861, and Vespas. D. XIII.

APITULUM III.—DE FESTO SANCTI GEORGII, IN QUO
   IMPERATOR ELIGITUR IN MILITIÆ FRATERNITATEM,
   ET CUM DEBITIS INSIGNIIS INSTALLATUR.

Institerat festiva dies tua, Sancte Georgi!
   Quæ clero ^w duplex perpetuata [1] datur.   790
Huic Princeps summus interfuit Induperator ;
   Eligitur miles laude notandus ibi.
Dux Holondensis venit hac pro pace patranda ;
   Centum militibus concomitatus erat.

CAPITULUM IV.—DE FRAUDE ET DUPLICITATE FRAN-
   CORUM EVITANDA, ET REGIS CONSTANTIA ET SIMPLI-
   CITATE NOTANDA.

His dum tractatur, Francorum fraus violentam
   Jus violando manum per mare sponte parat.
Caracis Januæ, cum navibus atque galeis,
   Harflu circumdant, obsidione data.
Regis navigii quo puppes igne cremarent
   Hamonis portu, plura parando fremunt.   800
Tentarunt terræ furtim conferre rapinas ;
   Plura repulsa ferunt quam violenta dabant.
Hæc Rex noster, adhuc cernens, mala dissimulavit ;
   Optatæ pacis spes sibi tanta fuit.
Tot putat implendam mediis illustribus esse,
   Quam pro jure suo novit adesse fidem.
Ad pacem flecti renuit plebs perfida truffis ;
   Tractatum turbat, paxque fugata datur.

   ^w Festum.

---

[1] *Data*, Harl. 861.

Hoc Rex perpendens dissolvit Parliamentum;
810   Et proclamatur guerra paranda suis.
Taxandi populos pacis dat guerra necesse:
    Væ Francis! per quos sunt mala tanta, data.
Ut transmittatur excercitus obsidionem
    Harflu qui solvat, Rex jubet absque mora.
Francorum fucis promissio major habetur,
.   Qua Regis votum cedat inane sibi.
Rex, ob speratam pacem quam quærit babendam,
    Condescendit adhuc; guerra silenda [1] datur.
Cum fit perventum quo pax fieret referenda,
820   Robur polliciti duplicitate ruit.
Dum proclamatur hinc pax, hinc arma vicissim
.   Vulgus proloquitur ridiculosa fore.
Nam Regis votum cunctis non est bene notum;
    Confudit grata pax simulata data.

CAPITULUM V.—QUOD DOMINUS REX, CERNENS SE
    DELUDI, ARMA RESUMIT PRO SALVATIONE GENTIS
    SUÆ; ET DE AMBASSIATORIBUS IMPERATORIS ET
    REGIS AD REGEM FRANCIÆ.

Rex, se deludi perpendens, arma resumpsit;
    Ordinat ut possit gens [2] sua salva fore.
Consensu Regis, ambassiat Induperator
    Parisius proceres hac ratione suos.
Ex Regis parte solennia nuntia dantur;
830   Ut justis mediis pax reparanda foret.

---

[1] *Data*, Harl. 861.   [2] *Fore salva sua*, Vespas. D. XIII.

CAPITULUM VI. — DE AMBASSIATORIBUS EX PARTE SCOTIÆ, AD TRACTANDUM PRO LIBERATIONE REGIS EORUM.

His intermissis, solennia nuntia Regi
　Scoti transmittunt.　Debita ferre negant
Quæ sunt Anglorum spectantia jura coronæ.
　Dum retinent, vacuos Rex remeare sinit.

CAPITULUM VII.—DE REGRESSU DUCIS HOLANDIÆ AD PROPRIA, ET DE INTROITU IMPERATORIS IN CASTELLUM DE LEDYS IN CANTIA; ET DE REDITU REGIS AD HAMPTONE, PRO DISPOSITIONE NAVIGII AD DISPERGENDAM OBSIDIONEM DE HARFLU.

Dux Holondensis ad propria sponte redivit;
　Castrum de Ledys Induperator adit.
Rex portum petiit Hamonis, ut hostibus obstet;
　Cui sunt transmissa nuntia plura nova.

CAPITULUM VIII. — QUOD SUB NOMINE ET SIGILLO REGIS FRANCORUM MITTUNTUR LITERÆ IMPERATORI; QUOD CONSILIUM FRANCIÆ CONDESCENDIT, ARTICULIS APPUNCTUATIS PER CONSILIUM REGIS ANGLIÆ PRO PACE ET CONCORDIA REFORMANDA.

Nomine sub Regis Francorum, subque sigillo,
　Induperatori littera missa fuit;　　　　　　　840
Contentum cujus docet, articulis fore Francos
　Præmissis præsto regia jura dare,
(Articuli fuerant inclusi, quique remissi)
　Ut data sint paci regna quieta simul;
Insuper hostilis ut turbo cesset utrinque:
　His Rex applaudens omnia grata tulit.

Induperator in his Regi, Rex plaudit eidem ;
Protense justi gaudia pacis habent.
Solvere navigium proprium proponit ibi Rex ;
850   Æstimat hoc Francos pangere more pari.

CAPITULUM IX.—DE SOLITA DUPLICITATE FRANCORUM,
QUI SUIS PROPRIIS SCRIPTIS CONTRARIUM OPERAN-
TUR.

Duplicitas solita Francorum spirat ut Harflu
Destruat obsessos, absque favore datos.
ˣ Portismouth portum concludunt classibus hostes,
Regia ne classis exeat alta freta,
Nec sit pars reliqua remeando per æquora ¹ versa.
Assultata per hæc insula ʸ Vecta datur.

CAPITULUM X.—QUOD DOMINUS REX HABET RUMORES
DE SUIS AMBASSIATORIBUS QUOD MALE TRACTATI
FUERUNT IN FRANCIA, NEC EIS PRO SUMPTIBUS
FUERAT MINISTRATUM ; ET QUOD INCLUSI ERANT IN
HOSPITIIS NE EXIRENT.

² Hinc transmissorum Francis nova sunt data Regi ;
Quod male tractantur nuntia scripta notant.
Sumptibus hi propriis fuerantque quique relicti ;
860   Hospitiis clausis exitus esse nequit.

ˣ Nomen.
ʸ Wight.

---

¹ *Visa*, Harl. 861.   ² These four lines *follow* the next
six in Vespas. D. XIII.

Capitulum XI.—Quod omnia promissa Francorum Rex plane perpendit simulata esse; ut sub ficto tractatu Harflu circumdarent obsidione, et, pro victualium raritate, obsessi perirent.

Singula promissa Rex perpendit simulata;
Nil nisi protrahitur tempus inane sibi.
Harflu mox classis circumdedit obsidione,
Rarior ut fieret victus habendus ibi.
Nulla dies, nullus locus, ut conventio reddat
Prævia concordes, certificatur in his.

Capitulum XII.—Quod Domino Regi maxime displicuit se sic deludi a Francis; et qualiter arma duxit navigio apparanda pro succursu gentis suæ.

Displicuit Regi dolus, et certare dolebat,
Hac sic delusus duplicitate ducum.
Arma parat firma propriæ [1] succurre classi.
[2] Armiginacus in his fert mala plura Comes.   870

Capitulum XIII.—Quod Dominus Rex noluit Imperatorem esse solum, absque pari præsentia, in regno suo; ob quam causam præfecit Ducem Bedfordensem, fratrem suum, principem et [2] ductorem navigii sui versus Harflu.

[3] Induperatorem Rex inde solo fore solum
Absque pari nolens, hinc notat ipse moram.

> [2] Armenac. [Armagnac].

---

[1] *Succurrere,* Harl. 861, and Vespas. D. xiii.

[2] *Doctorem,* Harl. 861.
[3] *Imperatorem,* Harl. 861.

Dux Bedfordensis exercitui datur esse
   Navali ductor, hostibus arma parans.
Persistente diu vento contraria flante,
   Altera pars extra classis adire nequit.
Pars meat interior in ª Cambram : ventus utrique
   Obvia dat malis per mare plura mala.
Sed mala tot malis bona sunt conversa meatu ;
880   Quos removet ventus fluxus adunat aquæ.
ᵇ In vigili ventus Sumptæ ¹ flat vela Mariæ ;
   Litore ᶜ Sequanico Rex dedit inde preces.
Intercessores invitans multiplicavit,
   Reclusos reliquos hac ratione pios.

CAPITULUM XIV.—DE BELLO MARINO PROPE FLUMEN
SECANÆ, PER DUCEM BEDFORDENSEM CUM FRANCIS.

Illo namque die quo Rex orat, data pugna
   ᶜ Sequanico patuit flumine dura nimis.
Quo ter quingenti perimuntur classibus hostes,
   Et quadringentos captio dira premit.
Tres sunt ᵈ caracæ captæ, summersa fit ᵉ hulca,
890   Mater caraca naufragat ante ² rates.
Altera caraca prius est contrita per undas ;
   ³ Affugiunt reliqui ; laus datur inde Deo.
Anglorum centum vix interimuntur ibidem :
   Læta trophæa Deo, Rege precante, patent.

ª Nomen proprium. [La Cambe].
ᵇ i. In vigilia Assumptionis. [August 14].
ᶜ Seyne.
ᵈ Carikes.
ᵉ Hulk.

¹ *Stat,* Vespas. D. XIII.
² *Rate,* Vespas. D. XIII.
³ *Aufugiunt,* Vespas. D. XIII.

CAPITULUM XV.—QUOD DUX BEDFORDENSIS TRANSIIT AD VILLAM DE HARFLU, ET VICTUALIA IN ABUNDANTIA CONTULIT INCOLIS, ET EIS SUCCURSUM PRÆBUIT ET SOLAMEN.

Dux Bedfordensis, princeps examinis, illic
Victor honore suis transiit absque metu.
Harflu rescursum [1] præbens, replet hanc alimentis;
Huic consolatur obsidionis ope.

CAPITULUM XVI.—QUOD DOMINUS REX, HIS AUDITIS, DAT LAUDES DEO, ET ITER ACCEPIT VERSUS CANTUARIAM, UBI IMPERATOR PRO TEMPORE MORAM TRAXIT.

·His dat cura Deo [2] devotas regia laudes;
Induperator ovat hac novitate, morans   900
In [f] Dorobernensi, qua Rex permanserat, urbe.
Prosperitate data, laudat uterque Deum.

CAPITULUM XVII. — QUOD DOMINUS REX DIVINUM OBSEQUIUM, EXEMPLO REGUM ET PATRIARCHARUM, ET ALIORUM SANCTORUM, POST OBTENTAM VICTORIAM AUGMENTAVIT.

Rex memor est regum, Patriarcharum, quoque vatum,
Qui Regi summo landis amœna dabant.
Nam quoties datur acta manu victoria Summi,
Augendum toties est opus inde Dei.

    [f] i. Cantuar. [Canterbury].

---

[1] *Præbet*, Vespas. D. XIII.   [2] *Devota*, Harl. 861.

Prævia cum Psalmis stant Responsoria versu,
Gloria post toto sunt repetenda choro.

{
    Dominica   feria 2.   feria 3.   feria 4.   feria 5.
       temus   late   fitemini   date nomen Domini   nedicite
Can   Jubi   Con   Lau   Be

       feria 6.
     ate Dominum de cœlis   tavit cor meum in Domino.
Laud   Exul in ordine psalle.
}

910
{
     mæ Trinitati   dictus   Deus   ia Patri   virtus bi laus
Sum   Bene   Quis   Glor   Honor   Ti

       eamus Patrem.
Benedi   dabis his.
}

Post missam celebre memoratur Trinus et Unus;
Cum versu, "*Tibi laus,*" O. repetenda patet.
Versiculo dat Collectam celebrando sacerdos;
Ascendit Christus, Sumpta Maria tenet.
Hic vir despiciens memor est tibi, Sancte Georgi!
His sunt versiculi cum prece more pari.
Post Complementum, divinorum memores sex
Hi sunt sollennes, quos numerare potes.

{
   nitas   ritus Sanctus   Edwardus   Johannes Baptista
Tri   Spi   Rex   Præco

   Sanctus Georgius   Sancta Maria
Miles   Regina beata
}

920
{
  bera nos   ni Sancte Spiritus   Rex gentis etc.   ter natos
Li   Ve   Confer ave, jungis   In

   est vere martyr   ad placitum chori.
Hic   Placet hæc.
}

CAPITULUM XVIII.—DE REGRESSU IMPERATORIS AD
   CALESIAM PER DOVORIAM; ET DE CEDULIS IN PLA-
   TEIS ET VICIS PER SUOS DIMISSIS, AD LAUDEM
   ANGLORUM.

Post nova scripta data, post laudes inde relatas,
Dovoriam petiit Induperator iter.
Sparserunt equites per vicos atque plateas
Hæc laudum scripta, mente notanda piis.—
"Vale et gaude, glorioso cum triumpho, O tu felix
Anglia, et benedicta,
"Quia, quasi angelica natura, gloriosa laude Jesum
adorans, es jure dicta.
"Hanc tibi do landem quam recto jure mereris."

Capitulum XIX.—De laude Imperatoris per Compilatorem hujus operis, per literas connexas suorum nominis, conditionis, et status.

Summi jura gerens, illustrans stemmate mundum,
  Virtutis nutum ductor ubique sequens.
Imperio mitis, pax et requies animorum,   930
  Tutor ovans, regius pes, jubar, umbra, sinus.[1]
Inde paratus ades, quo profers carmine laudes:
  Sigismunde pie! prosperitate Vale.

Capitulum XX.—Quod Imperator versus Calesiam transiit, et Dominus Rex illum secutus est, quarto die Septembris.

Calesiæ classe littus petit Induperator;
  Septembri quarto Rex meat ipse sibi.
Hunc expectavit prospectibus Induperator:
  Amplexu jubilant, obvia læta parant.
Gaudet uterque simul, referunt solamina crebra:
  Augent, non minuunt, vota tenenda fide.

Capitulum XXI.—De Ambassiatoribus Franciæ missis Calesiam, ad Dominum Regem.

Mittitur a Francis celebris legatio Regi: 940
  His datur hospitium more decente simul.
Hi permittuntur propriis ibi sumptibus esse;
  Ni foret ut victum constet emendo cliens.
Hæc sunt acta suis quia talia sunt data nostris:
  His dum plura damus pauca repensa patent.
Per mare dat treugam Rex his ad ᵍPurificantem:
  ʰMarrok Norwegiæ finibus illa patet.

  ᵍ i. Purificationem.
  ʰ Nomen. [Qy. Magcroe, or Masoe, near North Cape].

---

[1] The initial letters of the words in these four lines form the acrostic *Sigismundus Imperator pius.*

Capitulum · XXII.—De ʹadventu Ducis Burgundiæ Calesiam, ad Dominum Regem.

Dux ⁱ Burgundensis transmittit nuntia Regi,
Se sibi venturum, conditione data
950 Ut Dux ʲ Glovernis obses mittatur ad urbem
ᵏ Omeri Sancti; Rex sinit ista fore.
Dux hoc calle Duci medio venit obvius urbi;
Nam procerum turma claret utrique decens.

Capitulum XXIII.—Quod Dominus Rex mandat Londoniis pro Parliamento tenendo.

Mandat Londoniis Rex, ut data Parliamento
Octobris mensis sit deca-nona dies.

Capitulum XXIV.—De caraca visa in mari ante Calesiam; quam Dominus Comes Warwici insequitur cum aliis in sex parvis navibus.

Per mare cernuntur quinta post ˡ luce Mathæum
Carbasa ᵐ caracæ, quæ ⁿ Januensis erat.
Hæc quorsum proram versura fuit dubitatur;
Warwici Comes hanc per freta classe petit.
960 Talbot heros sequitur, simul Humfrevile, Thomas
ᵒ West:
Scaphis armatis sex sibi transtra parant.
Ante tamen quam sic poterant exire meatu,
A visu lapsus nauticus hostis erat.

ⁱ Burgoyn. [Burgundy].
ʲ Gloucestre.
ᵏ Seint Omer's, villa.
ˡ Die.
ᵐ Carik.
ⁿ Geene. [Genoese].
ᵒ Miles.

Capitulum XXV.—De alia caraca, capta per mercatores de Dertemouth.

Illo namque die veniunt nova nuntia Regi,
    Altera caraca quod sibi capta fuit
Per mercatores Dartemouth Suffragia Francis
    Quæ fuit ante ferens, dat Deus ista fore.

Capitulum XXVI.—De scapha una Comitis reversa quæ sequebatur Caracam, nescia quo caraca vel sociæ devenerunt.

In promptu scapha Comitis fuit una reversa,
    Quo caraca means nescia prima fuit.

Capitulum XXVII.—De morte incliti Domini de [1] Morle ; et de suis solennibus exequiis celebratis.

Hic Dominus Morle moritur—Deus, huic miserere!   970
    Non [2]ruit in bello bellica gesta ferens.
Rex fuit ejus in exequiis ac Induperator ;
    [3]Mœror cunctis : sint sibi læta piis.

Capitulum XXVIII.—Veniunt rumores ad Dominum Regem quod prima caraca evasit ; et de conflictu Comitis Warwici cum eadem.

In Domini luce properans redit altera scapha,
    Caracam referens vi rapuisse fugam.
Scaphis [4]hastili fuit altior ipsa carina,
    Qua latus ad latera constat agone datum.
Conjunctis tabulis fit ibi conflictio dura,
    Hostibus et strages magna fuisse datur.

---

[1] *Morley*, Vespas. D. xiii.   [3] *Mœror erat*, Vespas. D. xiii.
[2] *Corruit*, Vespas. D. xiii.   [4] *Hostiti*, Vespas. D. xiii.

980   Lucrandi puncto noctis caligine fessis,
           Desunt missilia, scalaque nulla patet.
       Hinc ad Slus propere vento fit prora reversa,
           Ultra nec assultus, heu ! sibi dandus erat.
       Thomas West miles fuit inclitus hic nece stratus,
           Baldwinus Strange miles agone ruit.
       Nam pauci plures ruerant, sed vulnera plura
           Sunt ibi collata : laus, Deus alme ! tibi.
       Ventus Warwico Comiti contrarius astans,
           Portum Calesiæ tunc prohibebat ei.
990   Nocte sequente quidem nimium fervente procella,
           Per mare dispersi quique fuere metu.
       Sed Christi dextra, prece matris, eos benedixit ;
           Rex, his perpensis, cum pietate canit—
       "Sit nomen Domini summi merito benedictum :
           "Hic dedit, ¹abstulit hic ; fiat ut ipse jubet."
       Tempestas eadem Regis tentoria rupta
           Reddidit ; hinc cordis stat violenta manus.
       Warwici ᴾpede Septembris Comes, ecce ! redivit
           Calesiam reliquis navibus ipse suis.

       CAPITULUM XXIX.—QUOD DUX BURGUNDIÆ VENIT
         CALESIAM, ET DUX GLOVERNIÆ TRANSIT AD SANC-
         TUM OMERUM ; ET COMES WARWICI ET DOMINUS
         THOMAS ERPYNGHAM, SENESCALLUS DOMINI REGIS,
         ACCEDUNT IN OBVIAM DUCI BURGUNDIÆ.

1000   Dux Burgundensis venturus certificatur ;
           Forma prætacta Dux meat alter ei.
       Chartæ conductus ibi signatæ statuuntur ;
           Unus ut egreditur, alter, ut intret, adest.
       Warwici Comes Erpynghamque Thomas reverenter
           Pluribus obvia dant, cui loca præsto parant.

             ᴾ i. Ultimo die.

             ¹ Job, c. i. 21.

Cum Duce colloquia secreta nimis tenuit Rex ;
   Amphibologia danda veretur ibi.
Nescio quid sit in his quæ multi multa loquuntur ;
   Sed scio quod Franci fœdera nulla tenent.
Si facie tendant Abner seducere dupla,   1010
   Hos assit Salomon ense necando, precor.
Ordine quo venit rediit Dux, Duxque Glovernis
   Sic rediit sicut exitus ante fuit.

CAPITULUM XXX.—QUOD REX INTENDIT IN ANGLIAM,
   ET IMPERATOR AD PROPRIA, REMEARE ; ET QUOD
   SINE SPE PACIS SOLVITUR TRACTATUS.

Rex vult ad regnum proprium priscum remeare,
   Induperator idem tendit adire suis.
Nam sine spe pacis tractatus solvitur idem ;
   Jura patent Regis ense futura dari.
Induperatori frustratio facta laborum,
   Francorum fraude, stat lacrymanda piis.   .
Gloria magna quidem Regis constantia nostri   1020
   Affuit, est, et erit, jura gerentis ibi.
Nunquam major erat amor aut affectio regum,
   Quam patet inter eos ; hanc dedit ipse Deus.
Hoc quod inest uni fidum, fixum tenet alter ;
   Perfida quæ fiunt pellit uterque simul.
Nam similis similem sequitur ; fit nexus amœnus ;
   His non dimissus mente virescit amor.
Corpore, non corde, fit utrique licentia danda ;
   Amplexus lacrymis vix resolutus erat.
Rex ad Dovoriam, [1] Dordryght meat Induperator ;   1030
   Anglica vota gerens stat memorandus ope.

CAPITULUM XXXI.—DE REDITU REGIS IN ANGLIAM.

Laxantur vela Regis, repetit freta classis ;
   Mox fluctus pelagi, turbine flante, fremunt.

---

[1] Dort or Dordrecht, Holland.

Sanctorum meritis, maris hæc elatio mira,
  Imber, grando silent ; aura serena nitet.
Per mare dispersi sunt plures, quique reversi
  Ad portum veniunt laudis amœna canunt.

CAPITULUM XXXII. — DE INCEPTIONE PARLIAMENTI LONDONIIS.

Octobris deca-nona dies dat Parliamentum
  Londoniis, quo Rex fert rata jura suis.
1040 Hinc, quia pax justis mediis nequit esse reperta,
  Consilio regni bella paranda petit.
Sumptibus hic priscis fiscus vacuus reperitur ;
  Nec mirum cum sit causa notanda patens.
Taxari regnum proceres referunt quod oportet ;
  Rex dolet hinc quia tot Anglia spargit opes.
Sed regni lucro quia sparsio tanta notatur,
  Auxiliante Deo, plebs patienter agit.
Mutuat, et præbet censum, pro Rege precatur ;
  Francorum rabies stat referendo dolum.
1050 Rex hinc concludit invitus prælia ferre
  Hostibus indomitis, qui pietate carent.
Dorcestrensis ibi Comes Exoniæ datus est Dux:
  Det fore tutamen Rex ¹ sibi summus.   Amen.

CAPITULUM XXXIII. — QUOD JOHANNES OLDECASTEL PER SUOS SATELLITES FACIT SPARGI PLURA SCRIPTA IN PLATEIS ET FENESTRIS ; UT PER HYPOCRISIM ET SUAM SIMULATAM INNOCENTIAM COMMOVEAT POPULUM CONTRA REGEM ET ECCLESIAM SANCTAM DEI.

Mellea scripta cohors Oldcastel futa plateis
  Per loca plura jacit, felle referta nimis.

---

¹ *Ibi*, Harl. 861.

Speluncis latet obscuris, nil pandit aperte ;
Namque super[1] tecta dogmata sacra sonant.
Ægypto[2] ranas profert, aqua versa cruori ;
Sic fit simplicibus per bona dogma malum.

CAPITULUM XXXIV. — QUOD SUPPLICATUR DOMINO
REGI PER BILLAM, UT OMNIA [3] BONA TEMPORALIA
ECCLESIARUM IN MANUM REGIAM RESUMANTUR,
SALTEM PRO FORMA, ET IMMEDIATE RETRO REDDAN-
TUR ; UT SIC UNA FICTA PROPHETIA IMPLENDA ESSET,
QUAM ALLEGANT LOLLARDI ET ALII HÆRETICI
AFFUTURAM ; ET DE GRATIOSO RESPONSO DOMINI
REGIS AD ISTA.

Poscitur a Rege, quod ab Ecclesia bona quæque   1060
    Terrea possessa jure resumat[4] ei.
Hoc nisi pro forma fieri datur, ut manifesta
    Ficta prophetia verificetur ibi.
Hinc retro reddantur sibi, sic hoc jure probato.
    Hæc dans Henricus nomine[5] Greyndor erat.
Rex sibi respondit, " Bona si sint ecclesiarum
    " Jure resumenda, sic tua quæque forent,
" Et bona cunctorum regni de jure resumpta :
    " Ecclesiæ jura liberiora patent.
" Quamvis in frusta fierem cædendus ab ense,   1070
    " Sic, fateor, nollem sumere sacra bona."
Carcere concludi jubet hunc Rex pseudo-prophetam,
    Qui Veteris Castri præco[6] notatus erat.
Trux sedet insidiis, ut rectos corde sagittet,
    Et bona perfecta destruat arte doli.

---

[1] Matt. c. x. 27.
[2] Exod. cc. vii. viii.
[3] Omitted in Harl. 861.

[4] *Ibi*, Harl. 861.
[5] *Greydor*, Vespas. D. XIII.
[6] *Vocatus*, Vespas. D. XIII.

Capitulum XXXV.—De obitu Episcopi Her- fordensis.

[1] Herford Præsul obit hic, Carmelita magister;
Edmundus Lacy Præsul habetur ibi.

Capitulum XXXVI.—De Episcopis Londoniæ et Norwicensis transmissis Constantiæ ad Con- silium Generale.

Norwici Præsul et Præsul Londoniarum
Constanti Synodo, Rege jubente, meant.

Capitulum primum anni quinti.—Quod Dominus Rex mandavit navigium convenire apud Hamptone, ut in Normanniam transeat; et de caracis navigii Francorum quas cepit Comes Hunting- doniæ apud Hogges; et de introitu Regis in Normanniam; et de captione villæ et castelli de Toke.

1080   [q] Vestivit caros coccum reparare potenter
Jus anno quinto Rex meditando suum.
Huic ut conveniat mandavit per mare [r] classis
[s] Hamonis portu, quæque paranda ferens.

[q] Annus Domini millesimus quadringentesimus septusdecimus, et annus Regis quintus. [Chronogram in the line].
[r] Navigium.
[s] Hamptone [Southampton].

---

[1] Chapter XXXVI. is omitted (a blank being left for it) in Vespas. D. xiii., and Chapter XXXV. reads as follows :: *Herford Præsul obit, et Præsul Londoniarum Constanti Synodo, Rege jubente, meant.*

[1] Hostica classis adest, quæ per freta transit ad
    [t] Hoggis;
[2] Hæc Rex perpendens obvia mittit ei.
Ductor navigii Comes Huntyngdon datur illic:
    Hostes quosque terit captio sive fuga.
Ille Ducis Burbon frater bastardus ibidem
    Captus erat reliquis: his redit ipse Comes.
In feria sexta Sanctum Jacobum præeunte,   1090
    Rex petiit portum quo petat alta freta;
Quorsum sit prora tenet hoc versura sibi Rex
    Et paucis reliquis, consiliumque datur.
Sexta sequens feria cruce carbasa tracta notavit:
    Portum [u] Neustralem dant sibi Vincla Petri.
Ingresso terram, timnit gens ferre repulsam:
    Castro de Toke villa subivit ei.

CAPITULUM II.—QUOD CLERUS ET POPULUS CATHOLICUS
    [3] ORAT ET GAUDET DE REGIS PROSPERITATE; ET
PERFIDA COHORS MURMURAT LOLLARDORUM, ET, [4] IN
NOMINE JOHANNIS OLDECASTEL SOLITO, PROJICIUNT
MEMBRANAS AD POPULUM COMMOVENDUM: ET DE
INDENTURIS REPERTIS INTER ILLUM ET DUCEM
ALBANIÆ PRO THOMA TRUMPYNGTONE, VICE REGIS
RICARDI, DE SCOTIA IN ANGLIAM TRANSMITTENDO.

Talia dum fiunt, regni constantia floret,
    Et populus plaudit in meliore gradu.
Exorat clerus regni pro pace patranda,   1100
    Sed Lollardorum murmurat atra cohors.

[t] Proprium nomen loci. [Qy. Cape la Hogue].
[u] i. Normanniæ.

---

[1] *Hostia,* Harl. 861, and Vespas. D. XIII.

[2] *Hic,* Vespas. D. XIII.

[3] *Ovat,* Harl. 861.

[4] Omitted, Vespas. D. XIII.

Membranas sternit, plebem pervertere fucis
Fallens conspirat, irrita vota ferens.
Nam ˟ Veteris Castri sub nomine subque sigillo,
Allectiva malis plura reperta patent.
Fingitur Helias Oldcastel, Rexque Ricardus
Ennoc fertur, et est mortuus absque metu.
Indentura Duci datur Albaniæ referenda,
Ut Trumpyngtone mitteret ille Thomam.
1110 Millia librarum tria fiunt conditione
Hac, promissa quidem fœdera ferre sibi.

CAPITULUM III.—QUOD PERFIDA TURBA LOLLARDORUM
GAUDET DE TALIBUS FICTITIIS PRONUNTIANDIS; ET
PLURES DISCURRENTES PROCLAMARI FACIUNT, QUOD
PLURA MILLIA SCOTTORUM OBSIDIONEM PONUNT
CIRCA CASTELLUM DE ROKYSBURGH; OB QUAM
CAUSAM OMNIS POPULUS A RIVO TRENTE ET INFRA
VERSUS SCOTIAM, A MINORE USQUE AD MAJOREM,
CELERIUS PROPERARENT.

Res simulata placet Lollardis accumulatis,
Qua subvertenda jura sacrata putant.
Hæreticis intus, Scotis, Wallensibus extra,
Spes datur ut subeat Anglica cura ˣ truci.
Rumor adest, huic Scottorumque castra cohortes
Rokesburgh, Berwik, obsidione petunt.
Plebs et militia clero sunt millia centum;
Anglorum turmis limite Trenta stetit.
1120 Si fortuna quidem felix illic patuisset,
Turma ferox Scotiæ tota ruisset ibi.
[1] Sat Deus hoc quod in his operatur gens inimica;
Sed scio quod Scoti mox iniere fugam.
Hic Dux Exoniæ dolet hos sic terga dedisse,
Se voto falli famine turpe notans

˟ Oldcastel.
ˣ Oldecastel.

_____ ____ ___ ___

[1] Qy. for _scit._

CAPITULUM IV.—DE FERVENTI CONSTANTIA DOMINI
HENRICI BOWET, ARCHIEPISCOPI EBORACI, CUM
CLERO, CONTRA SCOTOS.

Archiepiscopus hic Eboraci præsto notatur,
 Cum cuneis cleri millia plura parans.
Hic pater, ut patriam defenderet, arma paravit;
 Plebi solamen dans, benedixit eis.
Hic Scotos vere cæsos captosve dedisset,   1130
 Si bene cessissent propria vota sibi.
Pontifices sibi subjectos ibi viscre quosque
 Forti proposuit aggrediendo manu.
Archidiaconus hinc Richemond reliquis properavit,
 Pluribus armatis, conditione pari.

CAPITULUM V.—DE PROVIDENTIA DOMINI DUCIS BED-
FORDENSIS, CUM CONSILIO PROCERUM, CONTRA
SCOTOS ET LOLLARDOS, ET ALIOS DOMINI REGIS
ET REGNI ADVERSARIOS.

Dux Bedfordensis, vice Regis rector, in istis,
 Consilio [1] procerum, protulit arma malis.
In medio terræ remanens operando salutem,
 Hæreticos plures fecerat ille capi.
Carcere concludi dedit hos, vinclisque ligari;   1140
 His Veteris Castri nuntius unus erat.
Dispersi fugiunt reliqui quo sors sua quemque
 Duxerat, et latebras antraque prisca petunt.
Ostendit [2] dura populo Deus, et metuenti
 Arcus a facie signa notavit ibi.
Huic [3] confringuntur arcus, scutum, gladiusque [4]:
 Insipiens corde turbine quisque ruit.

---

[1] *Parium*, Vespas. D. XIII.
[2] Qy. if not *dira*.
[3] Psalm lxxvi. 3.
[4] *Que* omitted, Harl. 861.

CAPITULUM VI.—QUOD INTEREA DOMINUS REX IN
    NORMANNIA SUBDIT VILLAS ET CASTELLA SIBI DE
    JURE SPECTANTIA.

Interea Regi nostro fit iter spatiosum :
  ^x Neustrali parte gens inimica fugit.
1150 Villas, castella patriæ sibi debita subdit ;
    Collocat et populum per loca tuta suum.

CAPITULUM VII.—DE CAPTIONE VILLÆ ^y CADOMI IN
    FESTO TRANSLATIONIS SANCTI CUTHBERTI, UBI
    WILLELMUS CONQUESTOR SEPELITUR.

Cuthberti tumbæ Translatio clara notatur,
  Qua capitur ^y Cadomi cultus agone satur.
Anglis Conquestor Willelmus ubi tumulatur,
  En! ibi conquestus cœptus ab ense datur.

CAPITULUM VIII.—QUOD NORMANNIA CONSTAT REGI
    NOSTRO DE JURE PROGENITORUM SUORUM.

En! Rex Henricus Normannica colla terens est :
  Jure patrum spectat patria tota sibi.

CAPITULUM IX.—QUOD DUCATUS AQUITANIÆ CONSTAT
    REGI ANGLIÆ A TEMPORE HENRICI SECUNDI, DE
    JURE UXORIS SUÆ.

Totus ei restat Aquitanicus ille Ducatus,
  Alter ut Henricus conjuge jura gerit.

      ^x Normannia.
      ^y Caine. [Caen].

Capitulum X.—Quod corona Franciæ constat Regi Angliæ a tempore Edwardi Secundi post Conquestum, jure Uxoris suæ.

Stant tribus Anglorum [1] leopardis lilia Franca,   1160
    Edwardi Terni jure patente palam.
Matris Isabellæ, Philippo de patre natæ,
    Jus masclæ proli perstitit omne soli.
Fictum Francorum decretum nil reputatur,
    Quo successura fœmina nulla foret.
Legi divinæ sunt hæc contraria jura;
    Hoc Salphath natæ quinque probare [2] valent.
Si moriatur homo sine nato, nata fit hæres;
    Fraus non extinguet hæc rata, France, tua.
Franca corona quidem si masclo proximiori   1170
    Danda sit, hæc Anglis regibus apta datur.
Si tamen allegas tractatus fœdera plura;
    Irita quæque patent, fœdera nulla tenes.
Fœmina plura tibi per tempora prisca notantur:
    Nunc Rex in facto Gallica regna petit.
Dat sua seque suis belli subeundo periclis;
    Dant sua seque sui vota gerendo sibi.
Corpora, res, cor, et os, regni pro jure parantur:
    Hoc opus, O Judex, perfice, juste, Jesu.
Rex Judæorum Jesus est ut origine matris,   1180
    Sic Rex Anglorum [2] lilia Franca legit.
Anglia dos tua fit; mater pia, Virgo Maria,
    Henrico Rege, tu tua jura rege.

    [2] Numeror. xxvii°. [The daughters of Zelophehad].

---

[1] *Leopardus*, Harl. 861, and Vespas. D. xiij.

[2] *Gallica regna legit*, Vespas. D. xiii.

CAPITULUM XI.—DE PARLIAMENTO INCEPTO LONDONIIS
XVI° DIE MENSIS NOVEMBRIS.

Parliamentum fit deca-sexta [a] luce Novembris
   Londoniis ; regimen [b] Dux vice Regis habet.
Præsul [c] Dunelmi fert, Cancellarius, illic
   Pro regni jure regia vota sacra ;
Intus et exterius pax ut servetur ubique,
   Per mare, per terram, sit rata cura suis,
1190 Plebs confortetur, agat inde viriliter. Omnis
   Anglia libera stat, gens inimica subit.
Regalis debet populus memor esse laboris,
   Quem fecit gratum gratia, mente, manu.
Mens, manus, os populi dant commoda consona Regi :
   Ubertas terræ fructibus ampla viret.

CAPITULUM XII.—QUOD BONA NOVA REFERUNTUR IN
PARLIAMENTO, DE ELECTIONE DOMINI * PAPÆ MAR-
TINI QUINTI IN CIVITATE CONSTANTIÆ IN FESTO
OMNIUM SANCTORUM.

Martino Quinto [d] cecinit [e] constantia [f] vitis ; [g]
   Palmitibus fixum mammona dogma [h] luit.[i]
     rici Regis Angliæ   tinus
Hen Quinti quinto Mar Quintus * Papa fit anno :
   Cum Cunctis [j] Sanctis [k] una stat ara Petro.[l]

[a] i. Die.
[b] Bedfordiæ.
[c] Durham.
[d] i. Concordavit.
[e] Consilium in civitate Constantiæ.
[f] Ecclesiæ.
[g] Annus Domini præsens. [A chronogram in the line].
[h] Purgat.
[i] Anni ab origine mundi. [A chronogram in the line].
[j] i. In festo Omnium Sanctorum.
[k] i. Unio ecclesiæ.
[l] Annus Domini præsens. [A chronogram in the line].

* In these words all but the first letter is erased.

¹ CAPITULUM XIII.—DE MORTE VENERABILIS MEMORIÆ
  ² MAGISTRI ROBERTI HALUM, EPISCOPI SARUM, IN
  CIVITATE CONSTANTIÆ.

Præsulis hic Sarum mortem Constantia luxit :   1200
Sit data cum Christo vita beata sibi.

CAPITULUM XIV. — DE CAPTIONE ILLIUS SATELLITIS
  INFERNALIS ET HÆRETICI MALEDICTI, JOHANNIS
  OLDCASTEL, PER PROBITATEM CLIENTUM DOMINI DE
  POWYS ; ET DE EJUSDEM INTERITU, HÆRESIBUSQUE
  ET ERRORIBUS EVITANDIS.

ᵐ Abstrahitur ³ lolium tellure, seges sacra pollet,
  Quando ⁿ Malæ Vitæ gratia dogma luit.
Nascitur Oldcastel Jon primo schismatis anno ;
  Unio quando venit igne cremandus adest.
Hic Domini Powys capitur probitate clientum,
  Præbet opem virtus, vincitur ira Sathan.°
Incidit in foveam quam ⁴ fecit pollicitam ᵖ trux,
  Qui turres Christi tollere vota dedit.
�q Dum numeras orbem fixum curæ memor esto :   1210
  ʳ Ecce ! Vetus Castrum conterit ara Petri.
ˢ Schismate trux natus, ruit Ecclesia reparata :
  ᵗ Unio tollit heris crimina cuncta piis.

ᵐ Anno Domini M° cccc^mo xvii°. [Chronogram in the line].
ᵘ Wyclif. [*Wyked Life*].
° Powys, per primas literas dictionum. [Acrostic (Povvis) in the line].
ᵖ [Trux de Castello Poole prævaluit. Vespas. D. XIII].
q Anni ab origine mundi. [Chronogram in the line].
ʳ Annus Domini præsens. [Chronogram in the line].
ˢ Annus quo schisma incepit. [Chronogram in the line].
ᵗ Annus Domini præsens. [Chronogram in the line].

---

¹ Omitted in Julius E. IV. and Harl. 861.
² *Domini*, Vespas. D. XIII.

³ Matt. c. xiii. 25, 29.
⁴ *Fecit pollicitatam*, Vespas. D. XIII.

Hic renuit Christi matrem precibus venerari,
  Affirmans Sanctos nil mediare prece.
Asseruit quod sola die confessio soli
  Sufficiens fieret, ne sit ibi sacra dans;
In sacramento quod sit substantia panis.
  Protulit hæc: hæresis Wicliviana strepit.
1220 Terrea possessa cunctis damnavit habenda,
  Hæc tamen ipse suis vi rapuisse studens.
Murmurat, obstat, avet, latrans, fœdans sacra, rodens,
  Ore, manu, mente, lite, ¹ licto, studio.
Invidus ille piis dum fit sua fœda voluptas,
  Lingua, manus, ratio, stat, nocet,. errat, abit.
² Schisma, jugum, laqueum Sathanæ, caro, mens, homo totus,
  Fert, subit, ingreditur, subdere jura volens.
Presbyteros, templa, structores, temptat et aras,
  Nubere, destruere, spernere fana ferens.
1230 Hic per ᵘ tempus erat, simul et per tempora, durans;
  Dimidium fuerat temporis inde sibi.
ᵛ Temporis hoc Christi spatio virus strepit Orci,
  Ut pars stellarum tertia tracta cadat.
ʷ Cornua cum cauda, capitum diademata quæque,
  Per Gabrielis "³ Ave" masculus atra terit.
ˣ Mascli nascentis fit ferrea virga regentis:
  ʸ Angelico bello cessit agone draco.
Nunc est facta salus regno, virtus, que potestas;
  Lætantur cœli, terraque læta datur.

ᵘ Apoc. xiiᵒ. [Rev. c. xii. 14].
ᵛ Annus Domini. [Chronogram in the line].
ʷ Apoc. xiiᵒ. [Rev. c. xii. 3, 4].
ˣ Virgo peperit filium masculum, qui recturus erat omnes gentes in virga ferrea. [Rev. c. xii. 5].
ʸ Factum est prælium in cœlo, etc. [Rev. c. xii. 7].

---

¹ *Luto* apparently in Vespas. D. xiii.
² This and the following line come | after the line *Nubere, destruere*, &c. in Vespas. D. xiii.
³ Luke, c. i. 28.

Nocte vetustatem damnosam clara juventus.   1240
   Quo premit hospitio, dormit ibi ^z Behemoth.
^a Stringenti caudam, ^b gladium ¹plasmator ibidem
   ²Amplicat·: ^c omnis ibi bestia ludit agri.
Nam ^d circumdantes salices torrentis abibant :
   Frangitur ense caput huic, ^e femur, inde manus.
Hæc simul ante mala quia·fundamenta steterunt,
   ³Pandere, ferre, dare, vulnere cæsa luunt.
Alligat illusum Deus, hinc ancilla ^f scabello
   Subvertit Castrum : ^g lucta notanda datur.   1250
^h Spes frustratur, atrox hostis dum præcipitatur ;
   ⁱ Hamo Leviathan extrahit ⁴ipse Deus.
Intrat prædo ^j lacum : nam curru fictus ^k Helyas
   Ad furcas scandens, turbine torret ibi.
Regem Ricardum fore viventem simulavit,
   ⁵Ut sua fictitia fortior inde foret.
⁶ Dux Bedfordensis sibi compatiendo monebat,
   Ut sceleris fieret tunc memor ipse sui.

---

^z Job xl°. Sub umbra dormit, etc. [v. 21].
^a Stringit caudam suam. Job xl°. [v. 17].
^b Qui fecit eum applicabit gladium ejus. [v. 19].
^c Omnes bestiæ agri ludent ibi. [v. 20].
^d Circumdabunt eum salices torrentis. [v. 22].
^e Scilicet in fundendo [qy. cadendo] femur manus operando.
^f Mulier cum scabello percussit tibiam ejus dum luctabatur cum aliis, et sic cecidit.
^g Numquid illudes ei avi, aut ligabis ancillis tuis ? Job xl°. [c. xli. 5].
^h Spes ejus frustrabitur eum, et videntibus cunctis præcipitabitur. Job xl°. [c. xli. 9].
ⁱ Quasi hamo capiet eum, etc. ibidem. [Job, c. xli. 1, 2].
^j i. Castellum de Poel. [Poole].
^k Hic enim finxit se Heliam dum vixit, ut prænotatur sub Ru^{ca} 11^a hujus anni V^{ti}; et sic impletur illa ficta prophetia, quum realiter in curru ligneo transiit a Castello de Pole usque Londoniam; ubi in campo Sancti Ægidii, quo contra Regem surrexit, suspensus, in turbine transiit.

---

¹ *Spalmator*, Harl. 861.
² Qy. if not *applicat*.
³ *Plangere*, Vespas. D. xiii.
⁴ *Ille*, Harl. 861.

⁵ *Quod*, Vespas. D. xiii.
⁶ This and the next line are omitted in Vespas. D. xiii.

"Nam doleo pro te," Dux inquit, "eo quare per te
"Militiæ probitas tot mala gesta notat.
1260   "Hac tu pœniteas qua stas moriturus in hora!
"Sis, rogo, confessus; presbyter, ecce! patet.
"Elige quemcumque mage gratificum tibi cernis,
"Et tempus dabitur quo mala facta luas."
Hæreticus respondit ei sic "Quare doles tu
"Pro me? tu pro te corde dolere stude.
"Quod vitium reputas, ego virtutem reputavi;
"Quod tu virtutem fers, vitium refero.
"Si Petrus et Paulus hic præsentes residerent,
"His nollem scelera pandere sponte mea.
1270   "Post tres inde dies ego si de morte resurgam,
"Irrita non facias fata ¹probando mea."
Plura loqui duxit; Dux suspendi jubet illum,
Ut blasphema trucis igne probanda forent.
Crastina Luciæ lux clarificata notatur,
Qua Veteris Castri testa cremata datur.
Tractus, suspensus, succensus, voce gemit nil:
Cor index summus aspicit ipse Deus.
Ut Moisi virga magicas vorat unica virgas,
Sic cunctas hæreses abdicat una fides.
1280   Confregit capita tua gratia, Christe, ¹Draconis;
Æthiopum populis hic datus esca fuit.
In specie muscæ fit Tartareus Draco ᵐsumptus,
ⁿEthan dans fluvios crescere quando tumet:
Hæreticos Serpens sibi sic incorporat Orci.
Ut sapiant ²avo lumina tincta vorant:

---

¹ Tu confregisti capita Draconis, dedisti eum escam populis Ethiopum in potestate. [Psalm lxxiv. 13, 14].

ᵐ Nota quod Lollardi recipiunt dæmonem in specie muscæ, et sic incorporatur in illis Sathanus.

ⁿ i. Doctrina hæreticorum. [Apparently in allusion to Psalm lxxiv. 15].

---

¹ *Probanda*, Vespas. D. xiii. | ² This is the word apparently. It is omitted in Vespas. D. xiii.

Hinc patet extinctum tenebris lumen rationis.
  Ordine naturæ, gratia quando vacat,
Lux humore mali tegitur bonus, aruit humor,
  Et °fontis sacri perditur inde sapor.
Est ᴾaqua pura piis per �q atroces versa ʳcruori;   1290
  ˢRana loco ᵗpiscis prodiit ore ᵘloquax,
Clamoris proprii˙ quæ ¹non novit rationem.
  ²Hæc fertur sapidis aure molesta nimis.
ᵛFontes, ʷtorrentes, ˣdirumpit gratia ʸChristi,
  ᶻQui fluvios ᵃEthan siccat amore sui.
ᵇNamque dies suus est, sua nox est, fabricat Ille
  ᶜAuroram, ᵈsolem; ᵉterminus ejus adest   ˙
Improperantis. In his memor hujus ᶠHic est inimici,
  Qui quinta ᵍluce piscibus implet aquas.
Hoc anno quinto Regis Constantia vincit: 1300
  ³Stant sacra vota Deo, turbida claret aqua.

> ° Baptismi.
> ᴾ Doctrina Catholica.
> q Hæreticos.
> ʳ Carnali intellectui.
> ˢ Hæreticus.
> ᵗ Christiani.
> ᵘ Exodi viiiᵒ. [1–13].
> ᵛ i. Prædicatores Evangelii.
> ʷ i. Doctorum sententias.
> ˣ i. Aperit.
> ʸ Tu dirupisti fontes et torrentes. [Psalm lxxiv. 15].
> ᶻ Tu siccasti fluvios Ethan. [Psalm lxxiv. 15].
> ᵃ Doctrinæ Hæreticorum.
> ᵇ Tuus est dies et tua est nox. Tu fabricatus es auroram
>   et solem. Tu fecisti omnes terminos terræ. [Psalm lxxiv.
>   16, 17].
> ᶜ i. Neophytos.
> ᵈ i. Perfectos.
> ᵉ In hoc anno quinto quo redit unio Ecclesiæ.
> ᶠ i. Deus.
> ᵍ i. Die. [Genes. c. i. 21–23].

---

¹ Omitted in Harl 861.   ³ This and the next two lines are
² This line is omitted in Harl. 861.   omitted in Harl. 861.

Bedford cura Ducis meritis accepta notatur,
Robore, jure, fide, [h]qui vice Regis ovat.
Vulnera quinque Jesu, per [i] grammata quinque notanda,
    Mentis amœna rigant infirmantis. Ave!
    Mortis amara rapit jocundus auxiliatrix.
Maria.   Molliat [j]arva rosis, [k]justificetur [l]amor;
    Mites [m]augmentet regni justos animando;
    Mundet [n] aquas [o]ranis imperialis [p] avis.
1310   [q]Hæc cunctas hæreses est interimens prece sola,
    Quæ parit absque viro per Gabrielis " [1] Ave."
[r]Nam caput illa pedi cujuslibet aptat amari;
    Anglis tutamen sit pia mater. Amen.

CAPITULUM XV. — QUOD DOMINUS REX RECUPERAT
VILLAS ET CASTELLA IN SUO DUCATU NORMANNIÆ,
ET COLLOCAT IBIDEM DOCTORES ET PRÆDICATORES
GENTIS ANGLORUM, AD PLEBIS SUÆ INFORMA-
TIONEM; AC ETIAM JUDICES ET UTRIUSQUE LEGIS
PERITOS, UT JURA IBIDEM SICUT IN ANGLIA
OBSERVENTUR.

Rex in Neustrali proprio stans jure Ducatu,
    Villas castellis obsidione capit.

[h] Qui est locum tenens Angliæ.
[i] i. Per quinque literas contentas in hoc nomine "Maria" quod hic quinquies annotatur in his quinque versibus. [The acrostic "Maria" is contained in each of these five lines.]
[j] i. Arida corda.
[k] Meditationibus Passionis Christi.
[l] Ut ascendat ad cœlestia qui injuste ad caducam descendit.
[m] Auferens crudeles hæreticos.
[n] Populos Christianos.
[o] Ab hæreticis.
[p] i. Mater Imperatoris cœlestis cum pennis castimoniæ et humilitatis.
[q] Cunctas hæreses sola interimit, etc.
[r] Caput aptatur pedi "Amari," quum prima litera de "Amari," quæ est A., ponitur ultima, et sic syllabicatur "Maria" quæ in omni amaritudine suffragatur.

_ _

[1] Luke, c. i. 28.

Ut plebs proficiat, ibi doctores locat Anglos,
   Qui faciant, doceant, ut jubet ipse Deus.
Hinc pro judicibus mittit, legisque, peritis;
   Ut sua quæque regant Anglia jura monet.

CAPITULUM XVI.—DE OBITU PIÆ MEMORIÆ MAGISTRI
   STEPHANI PATRYNGTON, FRATRIS CARMELITÆ,
   EPISCOPI MENEVENSIS, DOCTORIS IN THEOLOGIA,
   ET CONFESSORIS DOMINI REGIS NOSTRI.

Patryngtone Stephanus Præsul Menevensis humatur, 1320
   Confessor canus, Regis amore ˢsatur.
Huic Carmelitæ Doctori gaudia vitæ
   Pande, Maria, polo; sunt data membra solo.
Hic fuerat sedi Cicestrensi vocitatus;
   Quo nequeat lædi sit sibi luce status.

CAPITULUM XVII.—QUOD DOMINUS REX SIBI ELEGIT
   CONFESSOREM DE ORDINE FRATRUM PRÆDICATORUM,
   SICUT ANTIQUITUS FUERAT CONSUETUM.

Rex Confessorem præfert fratrem Jacobitam;
   Sic ex more datus hic fuit ordo prius.

CAPITULUM XVIII.—QUOD BULLÆ PAPALES, DIU EX-
   PECTATÆ, ADMITTUNTUR DE TRANSLATIONE EPISCO-
   PORUM, MENEVENSIS AD CICESTRIAM, ET BANGOR-
   NENSIS AD MENEVIAM; UT PRÆFERTUR IN FINE
   TERTII ANNI REGIS SUB RUBRICA LVᵃ DE OBITU
   EPISCOPI CICESTRENSIS.

Hic Bangornensi Bullæ dantur Benedicto,
   Meneviæ Præsul ut sit honore virens.

    ˢ i. Est satiatus.

Capitulum XIX. — De Episcopo Sarum, Magistro Johanne Chaundeler, qui ejusdem ecclesiæ Decanus erat.

1330 Sarum Præsul adest [1] hic, qui fuit ante Decanus,
   Jon Chaundler dictus : stat sibi grata manus.

Capitulum XX.—Quod Magister Ricardus Talbot promovetur in Archiepiscopatum Dublinensem.

Ricardus Talbot fert Dublinensis honorem
Metropolis, Præsul conditione valens.

Capitulum XXI.—De recuperatione urbis et castri Phalesiæ.

Urbs hic Phalesiæ, cum castro, redditur Anglis:
 Obsidio gelida Regis honore stetit.
[t] Ceddæ lux Sancti [1] stat Phalesiæ rata castro ;
 [u] Urbs circumciso capta notatur ope.
Salvum fac Regem nostrum, Deus alme, precatu
 Sanctorum, quibus est Anglia fulta, patrum.

Capitulum XXII. — Quod Dominus Rex mittit in Angliam pro capella sua, ut festum Paschæ solenniter celebret, et more solito divina obsequia in Normannia solemnizet.

1340 Rex hic pro propria mittit rutilante capella,
   Ut capiat celebre [v] Neustria Pascha sacrum.

[t] Annus Domini M cccc xvii. [Chronogram in the line].
[u] Item Annus Domini. [Chronogram in the line].
[v] Normannia.

---

[1] Omitted, Vespas. D. xiii.

Hunc Dominum solito Sanctis landans sit, et omnis
  Spiritus in jubilo landet amore Deum.
Collaudet Dominum in Sanctis Anglia tota :
  Virtutis merito stent sacra vota sibi.

CAPITULUM XXIII. — DE FINE UNIUS QUINQUENNII DOMINI REGIS NOSTRI.

Stat lustro Regis Cuthberti terminus uno ;
  Alterius caput est lux, Benedicte, tua.
Ex hoc [1] nunc nomen Domini fiat benedictum :
  Virgo Theotocos sit ʷ benedicta prece.

CAPITULUM XXIV.—DE HYMNO A GENTE ANGLORUM CANTANDO AD LAUDEM DEI GENITRICIS MARIÆ, PROPTER [2] GROSSAM EXPEDITIONEM REGIS HENRICI QUINTI, ET PRO SUCCURSU REGNI ANGLIÆ, DOTIS SUÆ ; QUÆ CUNCTAS HÆRESES CUM HÆRESIARCHA JOHANNE OLDCASTEL SUIS PRECIBUS INTEREMIT.

Te Matrem laudamus, te Dominam confitemur. Te
æterni Patris præelectam veneramur. Tibi omnes
angeli, tibi cœli et universæ potestates, tibi Cherubin
et Seraphin humili nobiscum voce proclamant. Ave !
Ave ! Ave ! Maria, Virgo Theotocos. Pleni sunt cœli et
terra majestate Filii tui. Te gloriosam Apostoli prædicant.
Te [2] gloriosam Prophetæ prænunciant. Te preciosam
Martyres floribus circumdant. Te per orbem terrarum
Sancta confitetur Ecclesia.—Matrem immensæ majestatis.

  ʷ i. Laudata.

---

[1] *Nunc sit in hiis nomen Domini benedictum,* Vespas. D. XIII.

[2] *Graciosam,* Vespas. D. XIII.

Venerandam Dei sponsam, marisque nesciam. Sanctam quoque solamque gravidam Spiritu. Tu Regina es cœli. Tu Domina es totius mundi. Tu ad liberandum hominem perditum [1]vestisti Altissimi Filium. Tu, vincendo mortis aculeo, protulisti clarissimo vitam ex utero. Tu ad dextram Nati sedes dignitate matris. Te ergo quæsumus, Angligenis subveni, quos pro dote propria defendisti. Æterna fac cum Sanctis ejus gloria numerari. Salvum fac populum tuum, Domina, et a mortis peste dotem tuam libera. Et rege eos et extolle [2]illos usque in æternum. Per singulos dies benedicimus te. Et laudamus nomen tuum in sæculum, quæ cunctas hæreses sola interemisti. Dignare, Domina laude digna, in fide firma nos custodire. Miserere nostri, Domina, mater misericordiæ. Fiat misericordia Filii tui, Domina, super nos, ope tua qui clamamus illi. In te Domina speramus, non confundamur in æternum.

---

[1] Qy. if not *gessisti*.　　　　[2] *Eos*, Harl. 861, and Vespas. D. xiii.

[AD LAUDEM MARIÆ.]

[1] Te matrem Christi prece laudamus jubilantes,
Hostes depelle, floreat alma. fides.
Obsta schismaticis, hæreses prece destrue cunctas,
Monstra te matrem, libera stet tua dos.
Annis centenis octogenis quoque binis
Suscepit Christi [x] Lucius ipse fidem.
Et quadringentis vicenis mansit et uno
Lux, que [y] Caretico rege, per atra ruit.
Mane micans rediit, [z] Augustino veniente,
Hinc, sexcentis, excipe tres, Domini.
Assis solamen nunc, ne maculemur iniquis ;
Mundet quodque malum lux tua stella maris.
Marcida jam tellus patet, hinc tu germine sacro
Ornes Theotocos flore virente novo.
Nuntia sacra tibi quæ contulit angelus, Angli,
Almiphonis resonent perpetuanda tonis.
Cara caro Christi caro sit [2] tu munere caro,
Hujus nos relevet mors sacra gente sacra.
Vera fides vireat per te, qua corruit orbis
Summa superstitio, perfidiæque status.

Nomine versifici qui possit certificari,
Literulas capitum [3] syllabicanda petit.

[x] Tempore Lucii, Regis Britonum, Christianitas primo venit in Angliam, Anno Domini 182⁰.

[y] Tempore Caretici, Regis Britonum, Christianitas deletur, Anno Domini 421⁰.

[z] Tempore Ethelberti, Regis Cantiæ, Christianitas rediit per beatum Augustinum.

Extractum breve de Cronica Thomæ Elmham prioris de Lenton de tempore regis Henrici quinti.

---

[1] This acrostic, giving the name and profession of the writer, Thomas Elmham Monachus," is at the conclusion of Vespas. D. xiii., written in the same hand as the rest of the MS. In the other two MSS. it is wanting.

[2] Qy. if not *sis*.

[3] Qy. if not *syllabicando petat*.

INDEX.

INDEX.

ERRATA.

Page   5 line 33, *dele* the comma after " augere."

„ 26 „ 17, *for* " Acquitaniæ " *read* " Aquitaniæ."

„ 50 „ 31, *for* " redimerunt " *read* " redemerunt."

„ 80 „ 13, *for* " que " *read* " quæ."

„ 112 „ 27, *dele* the commas after " incola " and " hospes."

„ 142 „ 30, *dele the Note* " Mageroe, or Masoe, &c."

LONDON:
Printed by GEORGE E. EYRE and WILLIAM SPOTTISWOODE,
Printers to the Queen's most Excellent Majesty.
For Her Majesty's Stationery Office.

THE CHRONICLES AND MEMORIALS

OF

GREAT BRITAIN AND IRELAND
DURING THE MIDDLE AGES.

PUBLISHED BY THE AUTHORITY OF HER MAJESTY'S TREASURY, UNDER THE
DIRECTION OF THE MASTER OF THE ROLLS.

---

1. THE CHRONICLE OF ENGLAND, by JOHN CAPGRAVE. *Edited by* the Rev. F. C. HINGESTON, M.A., of Exeter College, Oxford.

2. CHRONICON MONASTERII DE ABINGDON. Vols. I. and II. *Edited by* the Rev. J. STEVENSON, M.A., of University College, Durham, and Vicar of Leighton Buzzard.

3. LIVES OF EDWARD THE CONFESSOR. I.—La Estoire de Seint Aedward le Rei. II.—Vita Beati Edvardi Regis et Confessoris. III.—Vita Æduuardi Regis qui apud Westmonasterium requiescit. *Edited by* H. R. LUARD, M.A., Fellow and Assistant Tutor of Trinity College, Cambridge.

4. MONUMENTA FRANCISCANA ; scilicet, I.—Thomas de Eccleston de Adventu Fratrum Minorum in Angliam. II.—Adæ de Marisco Epistolæ. III.—Registrum Fratrum Minorum Londoniæ. *Edited by* J. S. BREWER, M.A., Professor of English Literature, King's College, London, and Reader at the Rolls.

5. FASCICULI ZIZANIORUM MAGISTRI JOHANNIS WYCLIF CUM TRITICO. Ascribed to THOMAS NETTER, of WALDEN, Provincial of the Carmelite Order in England, and Confessor to King Henry the Fifth. *Edited by* the Rev. W. W. SHIRLEY, M.A., Tutor and late Fellow of Wadham College, Oxford.

6. THE BUIK OF THE CRONICLIS OF SCOTLAND; or, A Metrical Version of the History of Hector Boece ; by WILLIAM STEWART. Vols. I., II., and III. *Edited by* W. B. TURNBULL, Esq., of Lincoln's Inn, Barrister-at-Law.

7. JOHANNIS CAPGRAVE LIBER DE ILLUSTRIBUS HENRICIS. *Edited by* the Rev. F. C. HINGESTON, M.A., of Exeter College, Oxford.

8. HISTORIA MONASTERII S. AUGUSTINI CANTUARIENSIS, by THOMAS OF ELMHAM, formerly Monk and Treasurer of that Foundation. *Edited by* C. HARDWICK, M.A., Fellow of St. Catharine's Hall, and Christian Advocate in the University of Cambridge.

9. EULOGIUM (HISTORIARUM SIVE TEMPORIS), Chronicon ab Orbe condito usque ad Annum Domini 1366 ; a Monacho quodam Malmesbiriensi exaratum. Vol. I. *Edited by* F. S. HAYDON, Esq., B.A.

10. MEMORIALS OF KING HENRY THE SEVENTH : Bernardi Andreæ Tholosatis de Vita Regis Henrici Septimi Historia ; necnon alia quædam ad eundem Regem spectantia. *Edited by* J. GAIRDNER, Esq.

11. MEMORIALS OF HENRY THE FIFTH. I.—Vita Henrici Quinti, Roberto Redmanno auctore. II.—Versus Rhythmici in laudem Regis Henrici Quinti. III.—Elmhami Liber Metricus de Henrico V. *Edited by* C. A. COLE, Esq.

IN THE PRESS:

THE REPRESSER OF OVER MUCH BLAMING OF THE CLERGY. By REGINALD PECOCK, sometime Bishop of Chichester. *Edited by* C. BABINGTON, B.D., Fellow of St. John's College, Cambridge.

RICARDI DE CIRENCESTRIA SPECULUM HISTORIALE DE GESTIS REGUM ANGLIÆ. (A.D. 447—1066.) *Edited by* J. E. B. MAYOR, M.A., Fellow and Assistant Tutor of St. John's College, Cambridge.

MEMORIALES LONDONIENSES ; scilicet Liber Albus et Liber Custumarum in archivis Guyhaldæ asservati. *Edited by* H. T. RILEY, Esq., B.A., Barrister-at-Law.

THE ANGLO-SAXON CHRONICLE. *Edited by* B. THORPE, Esq.

LE LIVERE DE REIS DE BRITTANIE. *Edited by* J. GLOVER, M.A., Chaplain of Trinity College, Cambridge.

CHRONICA JOHANNIS DE OXENEDES. *Edited by* Sir H. ELLIS, K.H.

RECUEIL DES CRONIQUES ET ANCHIENNES ISTORIES DE LA GRANT BRETAIGNE A PRESENT NOMME ENGLETERRE, par JEHAN DE WAURIN. *Edited by* W. HARDY, Esq.

THE WARS OF THE DANES IN IRELAND : written in the Irish language. *Edited by* the Rev. Dr. TODD, Librarian of the University of Dublin.

The "OPUS TERTIUM" and "OPUS MINUS" of ROGER BACON. *Edited by* the Rev. J. S. BREWER, Professor of English Literature, King's College, London, and Reader at the Rolls.

DESCRIPTIVE CATALOGUE OF MANUSCRIPTS RELATING TO THE EARLY HISTORY OF GREAT BRITAIN. *Edited by* T. DUFFUS HARDY, Esq.

IN PROGRESS:

BARTHOLOMÆI DE COTTON, MONACHI NORWICENSIS, HISTORIA ANGLICANA (A.D. 449—1295). *Edited by* H. R. LUARD, M.A., Fellow and Assistant Tutor of Trinity College, Cambridge.

HISTORIA MINOR MATTHÆI PARIS. *Edited by* Sir F. MADDEN, K.H., Chief of the MS. Department of the British Museum.

The BRUT Y TYWYSOGION; or, The Chronicle of the Princes of Wales, and the ANNALES CAMBRIÆ. *Edited by* the Rev. J. WILLIAMS, AP ITHEL.

A COLLECTION OF POLITICAL POEMS FROM THE ACCESSION OF EDWARD III. TO THE REIGN OF HENRY VIII. *Edited by* T. WRIGHT, Esq., M.A.

A COLLECTION OF ROYAL AND HISTORICAL LETTERS DURING THE REIGNS OF HENRY IV., HENRY V., AND HENRY VI. *Edited by* the Rev. F. C. HINGESTON, M.A., of Exeter College, Oxford.

EULOGIUM (HISTORIARUM SIVE TEMPORIS), Chronicon ab Orbe condito usque ad Annum Domini 1366 ; a Monacho quodam Malmesbiriensi exaratum. Vol. II. *Edited by* F. S. HAYDON, Esq., B.A.

November 1858.